U0146732

猴 面 包 树

Leçons d'un siècle de vie

一个世纪的
人生课

〔法〕埃德加·莫兰———— 著

徐 洁———— 译

中央编译出版社
Central Compilation & Translation Press

图书在版编目 (CIP) 数据

一个世纪的人生课 /（法）埃德加·莫兰著；徐洁译 . — 北京：中央编译出版社，2024.3

ISBN 978-7-5117-4470-8

Ⅰ.①——…Ⅱ.①埃…②徐…Ⅲ.①埃德加·莫兰 – 哲学思想 Ⅳ.① B565.59

中国国家版本馆 CIP 数据核字 (2023) 第 134570 号

图字号：01-2023-2885

一个世纪的人生课

总 策 划	李 娟
责任编辑	汪 婷
特约编辑	李文彬
装帧设计	朴 实
责任印制	李 颖
营销编辑	都有容
出版发行	中央编译出版社
地 址	北京市海淀区北四环西路 69 号（100080）
电 话	（010）55627391（总编室） （010）55625176（编辑室）
	（010）55627320（发行部） （010）55627377（新技术部）
经 销	全国新华书店
印 刷	北京盛通印刷股份有限公司
开 本	787 毫米 × 1092 毫米 1/32
字 数	88 千字
印 张	6.75
版 次	2024 年 3 月第 1 版
印 次	2024 年 3 月第 1 次印刷
定 价	56.00 元

新浪微博： @中央编译出版社　　**微　信：** 中央编译出版社（ID：cctphome）

淘宝店铺： 中央编译出版社直销店（http://shop108367160.taobao.com）（010）55627331

本社常年法律顾问： 北京市吴栾赵阎律师事务所律师　闫军　梁勤

凡有印装质量问题，本社负责调换，电话：（010）55626985

Edgar Morin

诸君明鉴：

本人无意向任何人说教。

我只是试着从自己的百年俗世人生中提取心得感悟，

希望各位能从中有所助益，

进而对你们自己的人生展开反思，

从而找到适合自己的道路。

译者序

———◆———

2022年初，我译完了这本埃德加·莫兰自传。

几天以后，恰巧巴黎六大组织放映讲述莫兰先生生平的影片。我坐在漆黑的放映厅内，放映机沙沙作响，银幕上打出了片名：《一段人生的记录》（*Journal d'une vie*）。该片导演让–米歇尔·吉安（Jean-Michel Djian）在一旁喃喃地说："莫兰先生是法国思想界的最后一条巨鳄。"

是的，巨鳄。纵观当前法国思想界，除了他，不知还有谁担得起这个称号。

埃德加·莫兰出生于1921年，原名埃德加·纳乌姆（Nahoum），细心的读者也许能看出：这是一个犹太姓氏。没错，他确为犹太人后裔，在法国抵抗运动中曾化名"莫兰"（Morin），从此以这个姓氏闻名于世。但他在自己的法国身份证上依然保留原姓氏纳乌姆，始终没有忘记自己的犹太血统。

莫兰先生是一位多产的学者，他的代表作《方法》（六卷）、《复杂性思想导论》等早已被译介成多国文字。《一个世纪的人生课》这本书是他在期颐之年对自己的百年人生做出的回顾与总结。

在这本自传中，莫兰先生并没有简单地罗列自己的成就和荣誉，而是以一种真诚而质朴的方式向读者展示了他丰富多彩的人生经历。这位人文主义思想家见证并参与了过去一个世纪中人类的流浪与期盼、危机与动荡。在这本书中，他向我们历数了自己百年人生经历中从人类的复杂性中汲取的教训。他以幽默和机智的笔触，述说了自己在困境中的勇气和坚持，以及他对于知识和真理的不懈追求。

他的思想具有独特的开放性和复杂性。他敢于面对人类存在的各种矛盾和困境，并试图找到统一和解决之道。他的思考涵盖了哲学、社会学、科学等多个领域，他对于人类文明的发展和社会变革的洞察力令人惊叹。

希望这本《一个世纪的人生课》中文版能为中文世界广大读者提供了一个宝贵的契机，领略这位思想家的智慧和思想，深入了解他的思想体系和他对世界格局的独到见解。在这个信息爆炸、短视频泛滥的时代，我们更需要思想导师，帮助我们静下心来、理清思绪、洞彻现实，找到解决问题的宝钥。莫兰先生就是这样一位思想导师，他的自传将为我们打开一扇窗户，帮助我们窥见事物的复杂性，接纳世界的多样性。

鲁迅先生曾将研究译介外国文化的人称为"盗火者"，寓意这些人就像普罗米修斯一样为中国盗来思想的"天火"。盗取"天火"原本就不容易，更何况本人才疏学浅，翻译这样一位法国思想家巨擘的自传，无疑提高了"盗火"的难度。多亏有远在维也纳的数学家杨君健兄帮助我查找资料，翻译界前辈李鸿飞老师为我指点迷津，在此表示衷心感谢！

任何学术研究，包括译事在内，都犹如西西弗斯推石上山，需要日复一日的坚持。倘若没有家人的理解和支持，可能我手中的滚石早已沉睡谷底，就不可能有这本中文版问世了。拙译能够脱稿完成，绝对有他们莫大的功劳。

最后，我想援引莫兰先生的一句名言："活着就是在未知的海洋中航行，在已知的岛屿上获得补给。"在此谨祝各位读者阅读愉快，从莫兰先生一个世纪的人生课中获得启方，从而找到适合自己的人生道路。

是为序。

徐洁

2023年8月31日于法国巴黎

目 录

1

独一又多重的身份

我不仅仅是一个社会的一颗微小的尘埃，
也不仅仅是岁月如梭中短暂一瞬的存在。

如果有人问我："你是谁？"我会回答："我是一个人。"这是我的实体。但我还拥有许多身份，在不同的场合下具有各自的重要性：我是法国人，塞法迪犹太裔[01]，拥有意大利和西班牙血统，是广义上的地中海地区人士，受到欧洲文化的熏陶，属于世界公民，是地球母亲的子孙。那能否说我是上述所有身份的集合体？不能。因为这要依照情况和时间点而论：有时是一个身份占上风，有时则是另一个身份唱主角。

　　一个人怎能拥有这么多身份？答案很简单：这其实是所有人的共性。每个人在家族里有一个身份，在城镇里也有一个，在行省或民族里有一个身份，在国家层面也有一个，在所在大陆更是拥有一个较为广义的身份。每个人都是多重身份的集合体，既独一又多元。

◇ 我独一又多元的身份

我的身份既独一又多元——我是逐渐意识到这一点的。我的父母是移民，因此并不具备任何民族认同感。他们的民族宗教身份是塞法迪犹太人，原籍塞萨洛尼基城[02]——这是一片自1492年起就隶属于奥斯曼帝国[03]的宁静避风港，绝大多数居民为犹太人。奥斯曼土耳其人征服了希腊人、塞尔维亚人、阿尔巴尼亚人，并把这些人的家园占为己有，而犹太人却得到了礼遇，并没有遭到土耳其禁卫军的蹂躏，也没有受到奥斯曼帝国的迫害。其中一部分犹太人于十九世纪初从托斯卡纳地区的里窝那迁移而来，并从那里带来了政教分离、资本主义乃至社会主义理念。我的外祖父所罗门·贝雷西（Salomon Beressi）就是这么个思想开明的人物，他把无神论思想灌输给了子孙后代。至于我父亲，他年轻时满脑子只想着巴黎——当时塞萨洛尼基城内的塞法迪犹太裔资产阶级除了说古卡斯蒂利亚语，还普遍说法语。他们内部把古卡斯蒂利亚语唤作"Djidio"，外界则称之为犹太-西班牙语。

我出生在法国，并没有继承任何外国国籍。我父母获得了法国人的身份，但在这种新身份的背后，始终有塞萨洛尼基城的痕迹在闪耀。他们在家里说"Djidio"语，尽管从不对我说，但我耳边始终萦绕着这种西班牙语。后来我在西班牙的时候，很惊讶自己居然能够听懂西班牙语，虽然说起话来结结巴巴。我始终把自己看作那些在1492年被伊莎贝尔一世[04]驱逐的犹太人的直系后裔[05]，很高兴自己的古卡斯蒂利亚语能够在西班牙和拉丁美洲派上用场。我其实可以依法申请西班牙国籍，西班牙政府也曾多次正式向我提议此事。

由于父母对我说法语，我从小就自然而然地成了法国人。在学校里，我的心智受到法国历史的浸润熏陶。我对这个国家的历史感同身受，一提到维钦托利[06]、布汶

4

战役[07]、圣女贞德[08]、亨利四世[09]遇刺、法国大革命、瓦尔密战役[10]、第一次意大利战争[11]、奥斯特利茨战役[12]、拿破仑加冕称帝、拿破仑失利后被放逐到圣赫勒拿岛、1848年革命[13]、1870年普法战争[14]、巴黎公社[15]、1914年至1918年的第一次世界大战，我就热血沸腾。当时的我对法国历史的隐秘角落一无所知，单纯沉浸在成败荣辱之中，同喜同悲。特别是当我读到法国在英法百年战争[16]中差点亡国，我更是哀恸不已。如此深深扎根在法兰西历史之中，我发自内心地觉得自己是法国人。

与此同时，我逐渐发现了自己犹太人的身份。尽管我的父母早已世俗化，却依旧让我参加每年在祖母家举办的逾越节晚宴，晚宴上会有犹太教拉比佩拉西亚（Perahia）到场，一切按照犹太-西班牙人传统举行。我受过割礼[17]，自己当时却不知情（虽然这是显而易见的）。不过，我父亲并没有提前为我在犹太会堂的成人礼（bar-mitsva）[18]做准备，没有像其他人一样学习希伯来文或诵读几段祈祷经文。当时我有一个虔诚的姐夫，在他的坚持下，我的成人礼以折中的方式进行：尽管我事先没有任何准备，但他还是请到了巴黎布福街犹太会堂的拉比为我主持成人礼，理由是我幼年丧母着实可怜。那一天，我跟着拉比说了几句希伯来语，随后用法语宣誓将永远敬重自己的家族。

到了高中阶段，我所在的班里有天主教徒、新教徒、五个犹太人，也有无神论家庭的子弟。当同学们问起我的信仰时，我才意识到自己是犹太人，但这个身份并不具有文化内涵。犹太人的身份令某些人感到很奇怪，而在某些从父辈那里继承了排犹主义的人士看来，这种身份更是洪水猛兽。

年轻时，我很少因为自己的犹太人身份而遭到人身攻击，成年后却由于右翼报刊的极端排犹主义而深受其苦，后来在维希政府[19]统治下也是如此。但这并没有从内心动摇我的法国身份认同感，而是进一步增进了我同以蒙田[20]和雨果等人为代表的人文主义传统之间的联系。

◇ 人文主义为本

事实上，我一直在寻找一种人文主义政治意识，试图在民主危机、反法西斯主义和反斯大林主义之中找到一条道路。在此过程中，我的犹太人意识逐渐隐去了。1938年11月，纳粹剥夺德国犹太人的公民权利，策划了"水晶之夜"事件[21]，那年我17岁。我当时依然保持着和平主义思想，希望保有一种普世价值观，并不因为自己是犹太人而想要对德国发起战争。

接下来，纳粹德国占领了法国，我参加了抵抗运动。战争结束后，我的犹太人身份意识曾一度觉醒，随后又再次消失。我在抵抗运动中化名"莫兰"（Morin），战后曾想过把这个化名变为我的法定名字，就像某些人做的那样，但我还是在自己的身份证上保留了纳乌姆（Nahoum）这个本名，只是加上了"常用名：莫兰"的字样。再后来，我经历了克拉夫琴科诉讼案[22]，远远地关注了以色列独立战争[23]，很高兴战士们和基布兹合作农场终于破除了犹太人生来胆小势利的迷思。

1965年六日战争[24]爆发之前，我曾前往以色列旅行，得以见识到犹太人和阿拉伯人之间的仇恨，我便放弃了在该国的寻根之旅。后来，以色列对巴勒斯坦阿拉伯人的统治再次促使我以犹太人的身份介入，但我是作为最后一批带有普世价值观和反殖民主义色彩的犹太知识分子中的一员介入的，也就是说，我反对针对巴勒斯坦阿拉伯人的殖民统治。（当时我在《世界报》撰写了多篇文章，宣称自己对巴勒斯坦独立并没有任何异议，这导致我被视为犹太人的叛徒，甚至被当作排犹分子。）

为此，我写了一本向父亲和祖辈致敬的书，名叫《维达尔及其族人》（*Vidal et les siens*）[25]，借此证明，所有对我的仇恨指控，包括那些对我是自我仇恨的犹太人的指控，是多么可笑。

我从来没有对以色列建国表示过异议，我深知以色列人民在历史上曾经遭受以及在未来可能面临的苦难。

但另一方面，我抨击以色列军队和警察对巴勒斯坦人民的镇压行为。在我看来，遵照联合国决议和以往的《奥斯陆协议》[26]，巴勒斯坦人拥有建国的权利。我拥有和马丁·布伯（Martin Buber）[27]相同的愿望，那就是建立一个由犹太人和阿拉伯人组成的共同国家。

根据以往的所见所闻，我知道当一个民族对另一个民族进行殖民时，必定会采取居高临下的藐视姿态，但在殖民者当中往往会有一小群人例外。在巴以问题上也是如此。

在我看来，以我对普世事业做出的努力，同那些带着封闭排他身份而恶语中伤的人比起来，我更配得上犹太人的身份。

我承认自己是犹太人的后裔，也接受自己是上帝的弃民而非宠儿，我把自己定义为玛拉诺[28]的后人，也就是蒙田（也是犹太裔）和被犹太会堂开除出教的斯宾诺莎[29]的共同子孙。

◇ 西班牙人、意大利人、欧洲人的身份

我的西班牙人身份来自家族所说的古卡斯蒂利亚语，来自我对西班牙黄金时代[30]戏剧和文学的热爱，来自我对加西亚·洛尔卡[31]和安东尼奥·马查多[32]的崇敬。而我在西班牙，特别是在安达卢西亚地区的多次旅行，更是给予我精神食粮。不过，我的意大利人身份也蠢蠢欲动，这不仅因为我在托斯卡纳地区有重归故土之感，深深受到意大利文化的浸润熏陶，更是由于我母亲的贝雷西和莫塞里家族祖上是意大利人。就连我父亲那边的纳乌姆家族也曾一度定居托斯卡纳，其中还有人参加过意大利统一运动[33]。更何况，当意大利成为独立的统一国家之时，我的纳乌姆家族在塞萨洛尼基城获得了意大利国籍。

正因如此，西班牙首相费利佩·冈萨雷斯曾经希望恢复我的西班牙国民身份，意大利托斯卡纳大区的里窝那市也给予了我荣誉市民的称号。

1973年，我发现欧洲作为过去世界的主宰者和不人道的殖民势力已经风光不再，成了一个失去殖民地的可怜老头儿，只能依靠中东石油苟延残喘。我就这样成了政治层面上的欧洲人。但我对欧洲的期许随着欧洲各机构被技术官僚和金融力量所掌控而逐渐落空。最后，苏联的那些人民民主国家与欧盟创始国之间的分歧、欧盟当局对希腊齐普拉斯[34]政府的破坏性施压，以及对来自阿富汗和叙利亚的难民的各方态度，都让我失望至极。

　　我希望剩下的一切不会瓦解，但我对欧洲已经失去了信心。

　　我的人文素养促使我从青少年时期就开始关注人类的命运。当我加入抵抗运动的时候，一位名叫菲利普·德夏特（Philippe Dechartre）的领导人曾问起是什么促使我参加地下斗争。我回答说，不仅是为了解放法国，也是为了加入全人类的斗争，为了全人类的解放——当时我把它同共产主义混为一谈。

　　这种混淆消除后，大约在1952—1953年，我加入

11

了世界公民协会，我至今仍保留着当时的会员证。后来，我意识到我们正在经历从1492年开始的"星球时代"——这个词是从海德格尔[35]那里借用来的。在创办《论据》(Arguments)[36]时期，我积极致力于研究当时被称为"第三世界"的各种问题，并在1993年撰写并出版了《地球祖国》(Terre-Patrie)[37]一书。后来，我成为另类全球化运动的追随者，同时也意识到技术经济全球化已经在全人类之间创造了一个命运共同体。多亏有了《地球祖国》一书和人类命运共同体，我终于回归了自己生而为人的首要和本质性身份。

◇ **多重身份重叠**

抵抗时期在巴黎，我在门房那边，以及碰到警察查验身份证时，出示的身份证上的名字是"加斯东·庞塞"(Gaston Poncet)，在抵抗运动的同志们那边名叫莫兰，和父亲通信或者同父母见面时则名叫纳乌姆。

但有那么一次，我的两个身份差点撞车。

有一天，我来到了皮加勒街区[38]的一家旅馆，那里常有德国军官出入。就在那一刻，纳乌姆这一身份突然出现了，霸占了莫兰的位置。

法国解放之后，我在所有官方文件上的名字又变回了纳乌姆，在我的身份证和护照上均是如此。我并不隐瞒自己这个本名，在所有谈论我的文章里都会提到它，有时甚至笔锋一转，跳过好几代人，直接写我原籍塞萨洛尼基。但我最终还是很高兴自己的身份能够兼顾孝道和事业。我原本可以正式保留我的母姓贝雷西，毕竟我深深依恋着我的母系家族，但当时没有及时想到这一点。

说到底，我没有把自己的多重身份看作一个异类，而是一份财富。遵照我的"自我"以及整合各种条件的"埃德加"的内在或外部条件，这些身份以不同的方式相继出现。

◇ 家庭身份

我父母均有六七个兄弟姐妹，他们团结在一起，一辈子互帮互助。到了我这一代，一对夫妇只生养一两个孩子。大家族消失了，兄弟姐妹间的关系也疏远了。我作为独生子，时不时会同家里的亲戚们见面，并和其中一些人关系亲密，实属难得。

在我十岁时，母亲露娜去世了，这加剧了我的孤独。她只留下了一个虚幻的存在，不再是一个有血有肉的实体。从此以后，我的父亲对他唯一的儿子施加过度的保护，这对我来说却是一种奴役，我一有机会就极力摆脱。我真的置身于家庭之外，活在学校里、电影院里、书本中、大街上。我在这些地方接受教育，获得真理。

后来，我结婚了，有了两个女儿。我从不尝试教育她们，始终认为自学是成才的最佳途径——我自己就是这么过来的。在女儿们十一二岁时，我和妻子维奥莉特分开了。我的恋爱经历，我对知识与政治的痴迷，多次中断了我和女儿们的关系，始终没有尽头。我不是一个好儿子，也不是一个好父亲，但我是一个付出深情并得到真心的好丈夫。

岁月流逝，我不仅渐渐同父亲和解，还将他和我自己融为一体。在他去世时，我因为自己在他生前没有给予他应得的评价而感到羞愧，因此写了一本书来记录他和他的生平。他于1984年去世，尽管这已成为过去，可他在我心中却越来越亲近。过去我的脸长得像母亲，现在则长得像他。乍看我最近和妻子萨巴拍摄的一些合影，我会猛然觉得照片上的人是他，而不是我。在我99岁的时候，父亲在我体内复活了。

近年来，我非常渴望能和女儿们一起重拾家庭生活。我就像美国影星克林特·伊斯特伍德在《骡子》[39]一片中饰演的那个角色：终其一生都在摆弄花花草草，参加园艺比赛，却忽略了家庭的婚宴和聚会，如今一心只盼望着回归温暖的家庭。诚然，我和女儿维罗妮卡之间的许多误会消除了，另一个女儿伊雷娜也接受了我的我行我素，但我毕竟远在蒙彼利埃[40]，再加上新冠疫情导致的封城措施，还有我时不时会前往摩洛哥住院疗养，所有这一切都阻止了我回归家庭的美好愿望成真。我一生颠沛流离，我的多情和对学术的热忱，再加上我的疏忽，使我失去了这种美好，失去了一个亲密无间的家庭。

我无法建立起自己的家族，因为在这次婚姻之前，我曾有过三段相当漫长的婚姻（分别历时18年、16年和28年），这些婚姻经历让我有时间融入一个原本陌生的家族，却没有足够的时间去维系它。但好在我的每一位伴侣都为我打开了全新的视野：我的第一任妻子维奥莉特带我领略了法国佩里格的乡野风光；第二任妻子乔安娜让我见识到"寂静革命"[41]中的魁北克和美国黑人的境遇；第三任妻子艾德薇姬带我踏入医学的最高殿堂；而如今的妻子萨巴则帮助我了解了法国-摩洛哥学界的现状。

尽管我作为伴侣，享受到了爱与被爱，可个性上的渐行渐远导致我的两次离婚：我同维奥莉特和乔安娜分手了，但直到她们去世，我们仍保持着联系。2008年，艾德薇姬去世，和我天人永隔。

那时我原本以为自己注定孤独终老，没想到2009

年在最不可能的因缘际遇下认识了萨巴。那是在摩洛哥的菲斯神圣音乐节上，我和她命中注定般相遇了，虽然我们相差四十岁，却拥有类似的人生经历：她在十岁时丧父，而我则在同样年纪失去了慈爱的母亲；她自学成才，而我则在孤独和家人的不理解中修炼自身；同样的作品令我们终生难忘，比如陀思妥耶夫斯基[42]的书；我俩都从事过地下活动，我是抵抗分子，而她则在摩洛哥国王哈桑二世统治时期；我曾写过一本名为《自我批评》[43]的书，而她也曾经历过我在书中表达的幻灭感。

她后来成了大学教授，从我的书中汲取养分，我对历年来在中东发生的惨剧所表达的立场让她倍感宽慰。

人与人之间可能存在的最深刻纽带将我俩结合在一起。

多亏有了她，我不再得过且过，而是开始重新生活。她也多次救过我的命，我亏欠她良多。

她存在于我的作品之中，往往无迹无形，但她的指点、建言、修改和批评无处不在。她作为大学教授兼学者，牺牲了自己在城市社会学方面的开天辟地之功，全身心地投入到我的生活中来，我的思想已成为我们俩共有的思想。

从晨起一吻到睡前晚安，我每天都能感受到爱情的美妙。一想到她的温柔体贴和嘘寒问暖将陪伴我跨入下一个未知的百年岁月，我便百感交集。

◇ 人格的多元统一

一个从温柔中绽放出来的深情人格，同一个在愤怒中滋生出来的暴烈人格，是迥然不同的。我在1961至1962年间写过一本书，书名为《问题的核心》（*Vif du sujet*）[44]，深为那些双重或多重人格案例所震撼。在这些案例中，同一个人的面容、性情、字迹会大变，在无意识中换了一个自我。这在那些被称为双相情感障碍或躁郁症的人身上表现得尤为明显：同一个人会时而乐观、兴奋、多动、干劲十足，而在抑郁发作时则变得沮丧、悲观、迟钝、了无生趣；同一个人可以一会儿爱得死去活来，一会儿劈天盖地一阵批评、责备和训斥。尽管一个人格和另一个人格你方唱罢我登场，相继占据同一个躯体，但不属于同一个自我。这就好比从一种精神或情绪状态向另一种精神或情绪状态过渡时，冻结了一个自洽的人格，而这种人格具有自己独特的特征，注定会在消失后重新出现。

我相信每个人均是如此，只是大部分人程度较轻。这就是为什么我有时被母亲特有的多愁善感情绪所侵袭，有时又被从父亲那里继承的乐观开朗性格所占据。我有时意兴阑珊，有时过度活跃；有时昏昏欲睡，有时头脑清醒。我在赞叹美的时候，沉浸在迷人的恍惚状态；当我专心写一本书时，则感到自己被一种外在和内在的高等力量所支配。而在每次发怒之后，我知道自己适才被心魔附体了。

◇ **我单枪匹马的学术旅程**

我的第一本书《德意志零年》(*L'An zéro de l'Allemagne*)[45]回顾了我1945和1946年间在德国饱受摧残和深

度恐慌的经历，广受各界好评。如果说这本书激怒了某些德国人，那是因为当时还未曾有人落笔写过德国历史上这段独特而非凡时期的人生故事。同样，我在自己的第一本重要著作《人与死》（*L'Homme et la Mort*）[46]中开创了我的跨学科认知模式，这次没有遭到来自专业人士的任何批评，因为在此之前还未曾有人贯通历史学、社会学和心理学来论述人类面对死亡时自相矛盾的态度。我撰写的关于电影人类学的书也获得了如此礼遇，没有招来任何一位专家的诟病，后来讲述明星、半神半人人物的书籍也是如此，只因之前从未有过社会学家涉足此类主题。

不过，后来当我开始着手撰写《方法》（*Méthode*）[47]时，常常被某些知识领域的"地头蛇"贬低，声称我能力不济或只是启蒙书写手，而我所做的，却是将分散的知识重新解读、融会贯通，熔炼出一套处理复杂性问题的方法论。

我知道，无论过去还是现在，总会有人深受误解和诽谤的伤害。即使我曾心怀怨恨，甚至批评他们出于某种虚荣心来错误地批判我的思想，我也从未攻击过那些曾经攻击过我的人。

在与法国共产党决裂之后，我和每个被开除出党的人一样，照例受到了侮辱。我因批评以色列对巴勒斯坦人民的镇压政策而遭受最猛烈的诽谤。每一个公众人物都会招来数不清的敌意，但同时也会有很多不知名的朋友支持着他……

我宁愿在法国国家科学研究中心（CNRS）做一名自由和独立的研究员（那里因我著作的数量而不是质量接纳了我），也不愿去外省大学谋求教职。因为一旦去了外省，我就会日思夜想着有教授退休或去世，好空出位子来让我获得任命回到巴黎。我没有向往任何像法兰西公学院这样的荣誉职位，也从未幻想过进入法兰西学院。不过，我欣然接受了国外院校授予我的38个荣誉博士头衔。

◇ **我究竟是谁？**

我前文花了好些页的篇幅来描述自己，但这幅自画像还有所欠缺，现在就让我来补全它。

我不仅仅是一个社会的一颗微小的尘埃，也不仅仅是岁月如梭中短暂一瞬的存在。整个社会，包括其语言、文化和习俗，都与我一体；我历经二十世纪和二十一世纪之交，这段时光与我一体；生物学层面的人类物种与我一体；整个多细胞脊椎动物门哺乳动物纲与我一体。

生命，作为地球上的一种现象，与我一体。所有的生物都是由分子组成的，而分子是原子的集合体，原子又是粒子的结合体，所以说，宇宙万物造化乾坤都与我一体。

我是我的全部，而对世界万物来说几乎什么都不是；我是八十多亿人中的一员，是一个独特又平凡的个体，与他人不同又相似。我是所有不可能、随机、矛盾、令人惊讶、意想不到的事件和遭遇的产物。与此同时，我就是我，一个具象的个体，我的有机体就是一套超级复杂的自我生态组织机器。这台机器非同凡响，能够对意外做出反应并创造出神奇。大脑赋予每个人精神和灵魂，对于分析大脑的神经科学家来说，精神和灵魂是看不见摸不着的，但会在每个人与他人和世界的关系中从每个人的身上显露出来。

我们每个人都是一个缩影，在内部具有自我不可简化性，常常是无意识地携带着多重个体，继而组合成一个庞大的整体。这些多重个体是由我们多种多样的家族血统和社会关系构成的。

摒弃单一或简化的身份，意识到身份具有统一／多重性（即人格统整，unitas multiplex），这是心理健康的必要条件，有助于改善我们的人际关系。

注 释

01 —— 指的是在十五世纪被驱逐前祖籍伊比利亚半岛并遵守西班牙裔犹太人生活习惯的犹太人。"塞法迪"一词意为"西班牙的",是犹太人对伊比利亚半岛的称呼。——译者注（本书脚注若无特别说明，均为译者注）

02 —— 又译萨洛尼卡，希腊第二大城市。

03 —— 奥斯曼土耳其人建立的一个存在于1299年至1923年的军事帝国，国名来自创立者奥斯曼一世，以伊斯兰教为国教。

04 —— 伊莎贝尔一世（1451—1504），十五世纪下半叶卡斯蒂利亚王国和莱昂王国的女王，曾经支持哥伦布开拓美洲新大陆。

05 —— 1492年3月31日，伊莎贝拉一世和费尔南多二世颁布阿罕布拉法令，驱逐西班牙的犹太人和穆斯林。大约20万人被迫离开家园，剩下的被迫皈依基督教，并在日后再次遭到迫害。

06 —— 维钦托利（约前82—前46），古代高卢部落首领，曾领导高卢人对抗罗马的统治。公元前52年，他在阿莱西亚之战

中败北被俘，后被恺撒下令处决。

07 —— 发生于1214年7月27日，是决定中世纪欧洲权力版图的一场战役。经此一役，中世纪法兰西王国的王权得到极大扩张，确立了强国地位，英格兰的安茹帝国就此瓦解，神圣罗马帝国从此由盛转衰。

08 —— 圣女贞德（1412—1431），法国民族英雄。在英法百年战争（1337—1453）中，她带领法兰西王国军队对抗英格兰王国军队的入侵，最后被捕并被处以火刑。

09 —— 亨利四世（1553—1610），1589年至1610年间继任法国国王，也是法国波旁王朝的创建者。亨利四世原为新教加尔文宗胡格诺派（结盟宗）信徒，为了继承法国王位而改信天主教。1610年5月14日在巴黎被刺身亡，享有"贤王亨利""亨利大帝"的美誉。

10 —— 1792年9月20日爆发于法国北部瓦尔密附近的一场战役，又名"炮击瓦尔密"。一支由老兵和义勇兵组成的杂牌军成功地击败了声望正隆的奥军与训练有素的普军。尽管瓦尔密战役规模较小，但成为永载史册的决定性战役，在战略上确保了法国大革命的成果。

11 —— 1796年，法国大革命时期的督政府为了彻底解除外来的军事威胁，对奥地利支持下的皮埃蒙特和意大利城邦发动的军事行动。拿破仑率领法军取得了胜利，他本人也因此获得了极高的声望。

12 —— 拿破仑戎马生涯中的一场著名战役。1805年12月2日，法国军队在拿破仑的指挥下，在波西米亚的奥斯特利茨村（今捷克境内）取得了对俄罗斯–奥地利联军的决定性胜利。这场战役因为神圣罗马皇帝及奥地利皇帝弗朗茨二世及一世、俄罗斯帝国皇帝亚历山大一世、法兰西第一帝国皇帝拿破仑全部亲临战场，又称"三皇会战"。

13 —— 也称"民族之春"或"人民之春"，是在1848年欧洲各国爆发的一系列武装革命。这一系列革命波及范围广，对各国影响大，可以说是欧洲历史上最大规模的革命运动。第一场革命于1848年1月在两西西里王国的西西里岛爆发。随后的法国二月革命将革命浪潮波及几乎全欧洲。但是，这一系列革命大多以迅速失败告终。尽管如此，1848年革命还是造成各国君主与贵族体制动荡，并间接导致德国统一运动及意大利统一运动爆发。

14 —— 普鲁士与法国争夺欧洲霸权而爆发的一场战争。这场战争由法国发动，最后以普鲁士获胜、法兰西第二帝国覆灭而告终。

15 —— 巴黎工人和其他劳动人民于1871年3月18日革命后建立的无产阶级政权。是法国普法战争期间法国国内阶级矛盾和民族危机交织而出现的革命产物，是无产阶级创建新社会的先驱。它宣告开始了无产阶级革命的世界历史进程。

16 —— 即前文注释中提到的1337年至1453年间金雀花王朝统治

下的英格兰王国和瓦卢瓦王朝统治下的法兰西王国之间的战争。

17 —— 即男性包皮环切手术。大部分健康的犹太男性婴儿会在出生第八天后被割除包皮。对犹太人而言，这是与上帝立约的记号。

18 —— 犹太教成人礼通常在男性13岁生日和女性12岁生日后的第一个安息日举行。每个犹太人成人后，都要对自己的行为负责，并可以参与犹太社区的各类事务。犹太人对成人礼极其重视，一般提前一两年就开始做各项准备，每周进行犹太文化方面的学习，包括对《圣经》的研读、对诫命的了解，并准备讲演。

19 —— 1940年6月纳粹德国占领巴黎后，以菲利普·贝当为首的法国政府向德国投降，因法国北部等地区被德国划作由德军控制的占领区，新政府只得于1940年7月迁至旅游城市维希，故名维希政府。维希政府的主要统治区域为包括维希在内的非占领区，即自由区，约占法国本土面积的40%。

20 —— 米歇尔·德·蒙田，文艺复兴时期的法国哲学家，以《随笔集》三卷留名后世。

21 —— 指1938年11月9日至10日凌晨纳粹党员与党卫队袭击德国全境犹太人的事件。此次事件被认为是对犹太人进行有组织屠杀的开始。

22 —— 维克多·克拉夫琴科原为苏联派驻美国的采购团官员，于

1944年叛逃至美国，出版了《我选择了自由》一书，书中详细描写了苏联劳改营的情况。1949年4月4日，克拉夫琴科起诉《法国文学》杂志对他进行的攻击和谩骂。这是第一次针对苏联人的诉讼，所以被称为"世纪审判"。经过20多天的庭审，法官宣判克拉夫琴科胜诉。

23 —— 指第一次中东战争，又名1947—1949年阿以冲突，尤指1948年以色列与巴勒斯坦地区及阿拉伯国家之间发生的大规模战争。当时，阿拉伯国家联合主动攻击以色列，以色列自此成为一个独立的国家。

24 —— 指第三次中东战争，以色列方面称为六日战争，阿拉伯国家方面称为六月战争。战争从1967年6月5日开始，共进行了6天，结果埃及、约旦和叙利亚联军被以色列彻底打败。

25 —— 法国Seuil出版社1989年出版。——原注

26 —— 指1993年8月20日以色列总理拉宾和巴勒斯坦解放组织执委会主席阿拉法特在挪威首都奥斯陆秘密会面后达成的和平协议。之后的9月13日，双方于美国白宫草坪签署了《临时自治安排原则宣言》，这一事件被认为是以巴和平进程中的里程碑。但在协议签署后两年，拉宾遭以色列右翼激进分子刺杀，其后巴勒斯坦极端势力亦连续发动针对以色列的袭击事件，街头冲突逐渐演变成双方的武装对抗，《奥斯陆协议》的执行遭无限期搁置。

27 —— 马丁·布伯（Martin Buber，1878—1965），奥地利–以

色列–犹太人哲学家、翻译家、教育家，坚定支持在巴勒斯坦实施一国解决方案（与两国解决方案相对），赞同在犹太人国家以色列建国后，建立一个以色列和阿拉伯国家的地区性联邦。

28 —— 指生活在伊比利亚半岛的犹太人。

29 —— 指西方近代哲学史上重要的理性主义者巴鲁赫·斯宾诺莎，同笛卡儿和莱布尼茨齐名。

30 —— 指十五世纪至十七世纪西班牙美术、音乐、文学昌盛的时代。一般以1492年收复失地运动终结、哥伦布航向新大陆算起，以1681年作家佩德罗·卡尔德隆·德·拉·巴尔卡过世为结束。

31 —— 加西亚·洛尔卡（1898—1936），西班牙诗人、剧作家，被誉为西班牙最杰出的作家之一。

32 —— 安东尼奥·马查多（1875—1939），西班牙诗人。

33 —— 指的是十九世纪至二十世纪初意大利半岛上各个国家统一为意大利的政治及社会过程。

34 —— 阿莱克西斯·齐普拉斯（1974—　　），希腊前总理兼外交部长，激进左翼联盟领袖。2019年希腊举行议会选举，齐普拉斯败选辞职。

35 —— 马丁·海德格尔，德国哲学家，在现象学、存在主义、解构主义、诠释学、后现代主义、政治理论、心理学及神学上都有着举足轻重的影响。

36 —— 法国Minuit出版社于1956年至1962年出版的一份期刊，从马克思主义中汲取思想，莫兰为创办人之一。

37 —— 同安娜·布里吉特·凯恩合著，法国Seuil出版社出版。

38 —— 巴黎市内皮加勒广场周围的街区，位于巴黎第九区和巴黎第十八区，得名于雕塑家让·巴蒂斯特·皮加勒。

39 —— 该片剧情如下：年逾八旬的厄尔·史东是名园艺家，曾参与朝鲜战争。他在退役后经历了妻离子散、物业拍卖等变故，于是开始为锡纳罗亚贩毒集团从事贩毒运毒工作，同时回望自己的人生经历，希望得到救赎。

40 —— 法国南部城市，距离首都巴黎740公里。

41 —— 加拿大魁北克在二十世纪六十年代社会迅速变革的一段时期。变革内容包括社会的世俗化、地方福利的建立、分离主义与联邦主义政治势力的重组。

42 —— 俄国著名作家，代表作有《罪与罚》《白痴》《卡拉马佐夫兄弟》。

43 —— 法国Julliard出版社1959年出版。——原注

44 —— 法国Seuil出版社1969年出版。——原注

45 —— 法国La Cité universelle出版社1946年出版。——原注

46 —— 法国Corréa出版社1951年出版；法国Seuil出版社1976年修订加注后再版。

47 —— 全书共6卷，由法国Seuil出版社于1977至2004年间相继出版。——原注

2

不可预见性和不确定性

意外的惊喜不应该受到漠视。

恰恰相反，它必须激发我们加以理解和思考，

在无法预见的情况下，至少有所准备。

一百年前，在三亿个精子中，只有一个成功地进入卵子体内，授精成功。孕育我的那颗胚胎曾经遭受过堕胎药的威胁，在瓜熟蒂落之前差点死掉，但好在活了下来。我出生时被脐带勒到窒息，差点成了死婴，好在产科医生回天有术，经过他长时间的拍打，我发出第一声啼哭，总算死里逃生。

◇ 祸兮福所倚，福兮祸所伏

就这样，我在出生前差点遭遇不幸，最终侥幸逃生。正是如此，人生在世所有的幸运都伴随着可能发生的数不清的厄运。

我就这么侥幸活了下来，但随之而来的却是最大的厄运，那就是在我十岁时失去了母亲。

　　即便到了现在这个年纪，少年丧母的可怕厄运留给我的伤痛始终没有完全愈合。它使我从十岁起就进入青春期，在文学、电影，随后是音乐中寻求解脱。这些作品就如同可以强身健体的灵药，让我在逃避现实的同时，发现了自己所生活的这个世界的真实面目。我就是这样，在孤独的青春期建构起自己的文化修养和价值观的。

　　后来，从天而降的一场厄运害得我差点死掉：就在母亲去世一年后，我得了一种医生们也说不上来的怪病，高烧不退，他们实在找不到更确切的词了，最后只能把这种病称为"口蹄疫"（只有牛才会得这种病）。医生们在我身体周围放满了冰块，我就这么得救了。

　　每次渡过难关或战胜病魔都会产生一种抵抗力——鲍里斯·西吕尔尼克（Boris Cyrulnik）[01]也有过相同的经历，他称之为"韧性"，正所谓"祸兮福所倚"。因为我母亲的过世，我成了独生子，所以我非常需要兄弟姐妹，也非常渴望爱。这就是我在经历了莫大的孤独之后，始终在寻找与自己结伴终生的兄弟姐妹的原因；这就是为什么我成了一个"情种"，在恋爱之中找到自己人生和事业所必需的火种。正是从生命之初的不幸中，从那种阴魂不散的厄运中，诞生出我人生中莫大的幸福。

新的厄运接踵而来：1940年6月，我正在巴黎准备大学一年级考试，突然通过广播得知，由于德国军队的推进，所有的考试都暂停了。我便离开巴黎前往图卢兹避难——这成为我人生中的一大幸事。在那里，我遇到了第一批志同道合的兄弟姐妹；在那里，我经历了花前月下的甜蜜初恋，接着是第一次失恋心伤；在那里，我与维奥莉特结缘，她后来成了我的伴侣；在那里，我进入了作家、知识分子和抵抗战士的圈子，他们改变了我的人生。即使我后来遭到排挤，我在那里依然度过了非常快乐的日子。

正是在图卢兹，在德国国防军入侵苏联和莫斯科保卫战之后，我从反斯大林主义者变成了共产主义者，从和平主义者变成了抵抗运动的成员。

我要特别说一句：参与兼具共产主义信仰和戴高乐主义立场的抵抗运动是一大幸事，我的日子从此变得波澜壮阔，而不是苟且偷生。我有幸同皮埃尔·勒莫恩（Pierre Le Moign'）、米歇尔·卡约（Michel Cailliau）、戴高乐的侄子、菲利普·德夏特（Philippe Dechartre）等人中龙凤结下兄弟情谊。弗朗索瓦·密特朗（François Mitterrand）[02]的勇气给我留下了深刻印象。

虽说我十分后悔自己当时没有看清苏共的本质，但并不能说我那长达6年的共产主义经历是一种不幸。多亏了那段亲身经历，我在日后才得以看清极权主义。在同法共决裂之后，我出版了《自我批评》（*L'Autocritique*）[03]一书，让自己有机会进行思想排毒，重获知识分子的自主权，从固执地寻求政治思维转变为探索复杂性思维。

然而，法国解放后我却倒了大霉：我的新闻评论没有收获任何反响。我本来想举办一个希特勒罪行展，可法国内政部指派给我的两个呆板公务员令我作呕。

就在那时，运气又一次不请自来，再次拯救了我。我在街上偶遇皮埃尔·勒莫恩，他告诉我，进入德国的第一军正在寻找抵抗战士来管理被占领区，并负责将集中营和劳动营的幸存者护送回家。维奥莉特和我抓住了这个机会，我俩匆匆忙忙结了婚，启程前往德·拉特尔[04]位于林道[05]的总参谋部。我们在那里和新结识的兄弟姐妹一起度过了快乐的一年，在此期间经历了德意志的分裂，这真是一段非比寻常的经历。

◇ **什么是偶然？**

这里我提到了偶然。或许，当那个幸运的精子进入我母亲的卵子的时候，偶然就已经存在了；又或是那颗孕育我的胚胎经受住了堕胎药的考验之时；要么是我生下来就没了气息，产科医生竭尽全力把我救活的时候；

还有，当我母亲乘坐从吕埃开往巴黎的郊区火车，她看起来是睡着了，可到了巴黎圣拉扎尔火车站时却被发现已经回天无力……这是不是偶然呢？偶然是否在我人生中如影随形？

很明显，偶然是不可预见的。掷一次骰子并不能消除偶然，但是连续多次掷骰子可以将单个偶然性事件消散到整个样本空间之中。但人生的博弈则不然，它是由无数个孤立的事件组成的，而不是相同事件的反复出现，不可预见性存在于突发事件、意外事故或发明创造之中。简而言之，我相信我们永远不会知道偶然性事件是否因偶然而起。

我们可以把偶然看作各种决定论的意外相遇，就好比一盆鲜花在地心引力的作用下从楼上坠落，正好砸到去上班的行人头上。偶然的定义是由数学家格雷戈里·蔡汀（Gregory Chaitin）[06]给出的：偶然属于算法不可压缩性的范畴。也就是说，我们不可能事先确定一系列事件。欧米茄[07]象征着数学知识的极限、可计算的极限、算法的极限、可预见性的极限。

然而，算法的不可预见性或不可压缩性并不排除偶然性受到隐藏的规定性的制约，这可能属于超出我们理解范围的未见的现实。我们可以在此做出假设：在这个世上，的确存在着某种形式的准心灵感应潜意识直觉，可以以某种方式预见到意外情况。

诚然，我在抵抗运动期间的走运可以归功于我的警觉。比方说，当我得知我的朋友约瑟夫被捕时，我能够在盖世太保到来之前，从寄宿房主家我的床下及时取走装有我们组织钱款的手提箱。这样的好运出现过两次，却不知是何原因。

最令人惊奇的是，我和我的朋友兼副手让，一位曾参加过西班牙战争的德国反法西斯主义者，有一次约好在巴黎沃吉拉尔墓园碰头。那里可是个僻静之所，一眼就能发觉有没有被人跟踪。我在墓园等让，可他没有来，而我根本没想到他会被捕。今天回想起来，我那天的粗心大意真让我吃惊。我决定去让的旅馆找他，当时丝毫没意识到自己的轻率。等我到了那里，我注意到他的钥匙没有挂在旅馆前台的面板上，我甚至都没有看一眼坐在前台的老板娘，就决定爬上二楼去他的房间。但是在二楼的楼梯平台上，我突然感到疲倦，就停了下来，糊里糊涂地一转念，下楼给让留了一张便条，约他在索邦大学的一条长廊里见面。后来我才知道那天发生了什么事：当时盖世太保来到他的房间，把他抓了起来，和他一起待在那里，就等着有人来上钩。我们的朋友加比·布恩斯（Gaby Bounes）早上去找让的时候，就这么被捕了（她被送去了集中营，后来死里逃生）。

为什么在我22岁的时候，爬了几级楼梯就会感到疲倦？这是出于偶然，还是神秘的预警？那感觉是从哪里来的呢？萨巴告诉我，这一定是我妈妈在看顾着我。她在天国保佑我从最可怕的暴行中死里逃生，不然我说不定会像让一样饱受折磨。

还有一次下意识的预警让我始终记忆犹新：当我在巴登-巴登法军占领区的军政府工作时，我和一些朋友决定，在完成工作后连夜前往美军占领区喝几杯威士忌，抽几根金色香烟。我们在沦为废墟的卡尔斯鲁厄[08]迷了路，就沿着高速公路驶往美军占领区。车上的乘客都在打瞌睡，而我就坐在司机旁边。我突然从睡梦中醒来，大喊一声："停车！"司机把车停了下来，前方几米处有一个大坑——公路桥已经断裂，当晚有一辆载满美国士兵的吉普车就在同一个地方翻了车。

◇ 厄运中的善行，逆境中的收获

在我的人生中，幸运和不幸总是接踵而至，这即使不是偶然，也在意料之外。

先来讲讲幸运的事：罗伯特·安泰尔姆（Robert Antelme）和玛格丽特·杜拉斯（Marguerite Duras）一起创办了一家小出版社，起名叫"环球之城"（La Cité universelle），他们请我写一本讲述被扫平和分裂后的德意志的书——我在巴黎小住期间曾经向罗伯特提起过那段经历。那是1946年，这本书和《德意志零年》（*L'An zéro de l'Allemagne*）一起，成为我作家生涯的开端。还有件幸事：这本书同当时盛行的反德意志主义决裂，而当时法国共产党不得不仓促接纳苏联意识形态的转变——托他们的福，我没有被开除出党，而是受到了礼遇。

可不幸的是，我原本在共产党控制的全国抵抗者、爱国者、被驱逐者和被拘留者基金会（FNDIRP）的期刊担任编辑工作，现在却丢了饭碗。我失业了。不过，不幸中有大幸：我从此有时间每天泡在法国国家图书馆，就这样过了一年多，为我的新书《人与死》（*L'Homme et la Mort*）积累笔记素材。

后来，我向社会学家兼抵抗战士乔治·弗里德曼倾诉了自己失业的窘境，他提议我加入法国国家科学研究中心（CNRS），并承诺给予我支持。他建议由多位重量级大学学者来支持我的申请，就这样请到了莫里斯·梅洛-庞蒂（Maurice Merleau-Ponty）[09]、弗拉基米尔·扬克雷维奇（Vladimir Jankélévitch）[10]和皮埃尔·乔治（Pierre George）[11]等人为我出具了推荐信。现在想来，我有幸进入法国国家科学研究中心工作，并保持自由，要归功于当年的不幸失业，还有那天机缘巧合与乔治·弗里德曼一起吃了顿饭。我曾经是抵抗运动负责人，并且身份得到了法国内务部队的承认，就这么成了法国国家科学研究中心的二等研究员，我很高兴自己获得了自由。

幸运和厄运、不幸和幸福继续伴随着我：在我的第三任妻子艾德薇姬去世一年后，因缘际会，我不可思议地遇到了萨巴，她令我重获新生。

1953年，我突发奇想地给《世界报》（*Le Monde*）[12]主编打了通电话，为的是了解一件突发事件的来龙去脉：欧洲第一广播电台（Europe 1）[13]的《伙计们，你们好》节目（*Salut les copains*）在巴黎民族广场举办了一场大型音乐会，不知怎的演变为一场暴力袭警大狂欢。我就这样成为《世界报》的长期特约撰稿人。

后来，依旧是在乔治·弗里德曼的突然提议下，我参与了对普洛泽韦（Plozévet）[14]的多学科综合调查，当时我正在筹备对士兵的研究。1965年，我在那座布列塔尼小镇的小天地里居住了整整一年，对于了解1955年以来法国现代化进程的多维度发展收获颇丰。我在此次多学科调查报告基础上写了一本书[15]，获得了意外的收获。可令我大吃一惊的是，这本书却遭到科技研究总代表团的那些官僚的指责。我在街上巧遇雷蒙·阿隆（Raymond Aron）[16]，在他的建议下，我展开了反击，正式站出来为自己辩白，但这也让我失去了应得的称赞。

1968年3月，亨利·列斐伏尔（Henri Lefebvre）[17]提议我接替他在楠泰尔大学[18]的教职，后来发生的一切完全出乎意料[19]。1968年5月，我进入了风暴中心。这里燃起的燎原之火随后将燃遍巴黎，并在整个法国蔓延开来。我就这么独自处在风口浪尖之上，坐看风起云涌。

最后，在我的朋友、诺贝尔生理学或医学奖得主雅克·莫诺（Jacques Monod）[20]和约翰·亨特（John Hunt）[21]出人意料的建议下，我受邀前往脊髓灰质炎疫苗的发明者乔纳斯·索尔克（Jonas Salk）创办的生物研究所待了一年。我就这样获得了去美国加利福尼亚州拉霍亚的机会，1969年至1970年间在那里度过了一段特别愉快的时光，接触到多位作者的作品和他们的思想，萌生出撰写《方法》（*Méthode*）的念头。我从加利福尼亚回来之后，又是在雅克·莫诺的提议下，有幸成为在华幽梦修道院举行的"人的统一性"（*L'Unité de l'homme*）大型国际研讨会的联合组织者。我在此次研讨会上的报告《迷失的范式：人性研究》（*Le paradigme perdu: la nature humaine*），是我后来撰写的同名著作[22]的底稿。

◇ 人生就是在未知海洋中航行

我在机缘巧合之下，受邀前往纽约教授一学期关于小说中复杂性的课程。我对这项工作不以为意，而是以一种近乎痴狂的状态开始撰写《方法导论》。回到巴黎以后，我自觉无力继续写下去，只好带着遗憾前往佛罗伦萨附近，参加一场关于发展的迷思的学术研讨会。在那里，一位女士从天而降接待了我，赋予我重生和活力，帮助我在托斯卡纳海边找到了写书的理想住所。在离开巴黎三天前，我意外结识了命中注定的新伴侣，便和她一起前往托斯卡纳的世外桃源。熊熊爱火给予我干劲。在一座面朝大海、与世隔绝的城堡废墟之中，我夜以继日地写作，完成了《方法导论》的初稿，其中第一卷幸运地在1977年出版。当时正值马克思主义危机、结构主义式微，这本书甫一问世，就注定遭到轻视。

所谓的"偶然""出乎意料""不幸中的大幸""幸运中的不幸""福兮祸所伏""祸兮福所倚"贯穿了我的一生。但每个人不都是这样吗？只是程度不一罢了。对任何人来说，从出生开始，人生就是无法预见的。没有人知道自己的情感生活、健康状况、职场生涯、政治取向会发生什么，也无人知道自己寿享几何、何时会撒手人寰。

我们必须牢记的是：如果说我们同机器无异，那我们就必定是不平凡的机器。普通机器是人造的，是我们制造出来的，我们通过控制程序来决定它的行为；但人类却不是这样，人类行事并非总在预料之中，尤其在创新方面，总是会带来意想不到的惊喜。

任何用各种必然和规划来武装自己的想法都是徒劳的。我们必须明白一点：人生就是在未知的海洋中航行，途中会经过一些已知的岛屿或群岛，在那里获得补给。

对个人来说是如此，放到人类历史的大框架内就更为真实：历史不仅受制于经济决定论、野心、贪婪、唯利是图，同时也屈从于几近莎士比亚式的荒谬。"人生如痴人说梦，充满了喧哗与骚动，却没有任何意义。"（A tale told by an idiot, full of sound and fury, signifying nothing.）[23] 人生充斥着各种事故、错误、偶然、奇思妙想、孤注一掷、暗箭伤人、鬼迷心窍。

在我一生中，科学界曾发生过两件意想不到的大事。这两件事起初并没有得到媒体、舆论和政坛的关注，后来却改变了整个人类的命运。第一件大事属于核物理学的范畴：1932年，费米[24] 在罗马发现了原子的特性，这一发现成为10年后开展起来的利用原子能制造毁灭性武器的研究的基石。长达10年间，费米的发现只停留在认知范畴，仅仅为广大物理学家所知，二战的爆发启动了制造原子弹的构想和计划，战后和平时期的经济增长又带动了核电站的问世和发展。与此同时，冷战带动了核军备竞赛，如今成了全人类的心头大患。

科学界的第二件大事要归功于罗莎琳德·富兰克林（Rosalind Franklin）[25]，她于1953年在剑桥发现了DNA的螺旋结构。她的这一发现，成为日后克里克[26]和富兰克林实验室的美国年轻学者沃森完成DNA双螺旋结构研究，继而解开所有生命体遗传密码的关键线索。今天，基因学的发展令包括人类在内的一切生命体基因编辑成为可能。

这里需要注意的是，即使人类可以预见到进化过程的未来概率（总会有不测风云），我们也永远无法预见到那些开创性事件：我们无法提前预知释迦牟尼（佛陀）、耶稣、穆罕默德、路德、米开朗琪罗、蒙田、巴赫、贝多芬、凡·高的出现。1769年，原属于热那亚的科西嘉岛刚刚被划归给法国不久[27]，就在这一年，一个小婴儿在岛上诞生，谁会想到这个小孩会在1804年成为所有法国人的皇帝？

◇ 所有人生都是未知数

在这里，我要强调一点：我人生中最重要的心得就是，不要相信当前会一成不变、前路会连绵不绝、未来总在意料之内。总会有突如其来的意外陆陆续续降临，以令人愉快或不快的方式，不断颠覆或改变我们每个人的人生、我们作为公民的人生、国家的前途，以及人类的命运……

我经历了1929年突如其来的经济大萧条，它席卷了整个世界，并催生出纳粹主义[28]和二战；我经历了希特勒的意外上台；我经历了1934年2月6日危机[29]，这场危机随之引发了反议会骚乱以及人民阵线联盟（Front Populaire）[30]的成立；我经历了出人意料的西班牙内战[31]，西班牙共和国[32]的分裂，后被苏联力量逐渐渗透，对抗极端自由主义者、托派分子和马统工党主义者；我经历了1939年惊天动地的《苏德互不侵犯条约》[33]、1940年法国军队的溃败[34]以及维希政权、1941年底的莫斯科保卫战[35]、日本偷袭珍珠港[36]、美国参战。

我经历过的突发事件不胜枚举：阿尔及利亚战争、赫鲁晓夫批判斯大林的秘密报告[37]、赫鲁晓夫下台[38]、索尔仁尼琴获得诺贝尔文学奖、米都斯报告[39]对生物圈退化进行分析并指出了生态危险、苏联的解体、南斯拉夫内战[40]、里根主义[41]；通过新自由主义将公共服务私有化，引发了以逐利为导向的全球化浪潮，富者更富、穷者更穷；邓小平领导下的中国走有中国特色的社会主义路线，中国得以迅速崛起，跻身世界强国之列；美国世贸中心双子塔的倒塌、伊斯兰圣战主义在全球范围内发动的恐袭、伊拉克战争对中东地区造成的影响、民主遭遇全球危机，最后还有新冠病毒大流行引发的全球性危机，如今的我们从此活在对于近期和遥远的未来的持久的不确定性之中。

不确定和意外同人类历史融合在一起。不可预见的不仅是偶然，正如马克思理论中的革命，是那只"迟早有一天会突然出现的挖地洞的老鼹鼠"[42]。意外的惊喜不应该受到漠视，恰恰相反，它必须激发我们加以理解和思考，在无法预见的情况下，至少有所准备。

所有人生都是未知数，会不断遭遇不测风云。厄运能变为好运，好运也能转变为厄运。福兮祸所伏，祸兮福所倚。

我们不可能清除人世间所有的暗礁。人类命运存在着不确定性，坦然面对不测风云，这是我人生经历中的一大心得体会。

注 释

01 —— 鲍里斯·西吕尔尼克（1937— ），法国精神科医师、动物行为学家、神经学家、精神病学家、作家。其双亲在二战中遇害，自小在寄养家庭长大。

02 —— 弗朗索瓦·密特朗（1916—1996），法国政治家，1981年至1995年担任法国总统。

03 —— 法国Seuil出版社1959年出版。——原注

04 —— 德·拉特尔（1889—1952），法国著名将领，战功彪炳，二战时先后为维希法国和自由法国担任作战指挥。

05 —— 德国巴伐利亚州城市，位于德国、奥地利和瑞士三国的交界处，博登湖东岸的岛上。

06 —— 格雷戈里·蔡汀（1947— ），阿根廷裔美国数学家和计算机科学家，算法信息论的创立者之一。

07 —— 欧米茄，写作 Ω，第二十四个希腊字母，也是最后一个。

08 —— 德国巴登–符腾堡州的城市。

09 —— 莫里斯·梅洛–庞蒂（1908—1961），法国二十世纪最重

要的哲学家、思想家之一。在存在主义盛行的年代与萨特齐名，是法国存在主义的杰出代表。最重要的哲学著作《知觉现象学》和萨特的《存在与虚无》一起被视作法国现象学运动的奠基之作。

10 —— 弗拉基米尔·扬克雷维奇（1903—1985），法国哲学家和音乐学家。

11 —— 皮埃尔·乔治（1909—2006），法国地理学家。

12 —— 法国第二大全国性日报，在法语国家和地区极具影响力，国际知名度颇高。

13 —— 创办于1955年，是法国最知名的广播电台之一，主要播放法语新闻、访谈、音乐和法国文化等节目。

14 —— 位于法国西部布列塔尼地区，1965年时的人口为3600人。

15 —— 《法国的乡镇：普洛泽韦的变迁》（*La Métamorphose de Plozévet*），法国Fayard出版社1967年出版。——原注

16 —— 雷蒙·阿隆（1905—1983），法国社会学家、哲学家、政治学家，以批判法国左翼思想家萨特而闻名。代表作为《知识分子的鸦片》。

17 —— 亨利·列斐伏尔（1901—1991），法国马克思主义哲学家和社会学家，以开创对日常生活的批判而著称。在多产的职业生涯中，共写了六十多本书和三百篇文章。

18 —— 又名巴黎第十大学，创建于1964年，前身为楠泰尔文学

院。位于法国巴黎西北部郊区。

19 —— 指的是1968年春夏之交在法国发生的学生运动，首先在楠泰尔大学爆发。在该次事件中出现了大罢工、示威游行、占领大学及工厂的行动，并直接导致戴高乐在一年以后辞去总统一职。

20 —— 雅克·莫诺（1910—1976），法国生物学家，他与弗朗索瓦·雅各布共同发现了蛋白质在转录过程中所扮演的调节角色，也就是著名的乳糖操纵子，二人因此获得了1965年的诺贝尔生理学或医学奖。

21 —— 约翰·亨特，美国小说家兼研究学者。

22 —— 《迷失的范式：人性研究》（*Le paradigme perdu: la nature humaine*），法国Seuil出版社1973年出版。——原注

23 —— 莎士比亚戏剧《麦克白》中的名句，此处参照朱生豪译《莎士比亚全集》中的译文，略有改动。

24 —— 恩里科·费米（1901—1954），美籍意大利裔物理学家。

25 —— 罗莎琳德·富兰克林（1920—1958），英国物理化学家和晶体学家。

26 —— 英国生物学家、物理学家及神经科学家弗朗西斯·克里克（1916—2004）。

27 —— 1768年，根据《凡尔赛条约》，热那亚将已不受其控制的科西嘉岛的行政权暂时移交给法国。1769年8月15日，拿

破仑在科西嘉岛上出生。

28 —— 美国经济大萧条最大且最恐怖的影响是1933年德国纳粹党的胜选。

29 —— 1934年2月6日，多个极右翼联盟在巴黎组织了一场反议会街头示威，在法国国民议会所在地附近的协和广场上发生了骚乱。法国警察开枪打死了15名示威者，这场骚乱成为法兰西第三共和国（1870—1940）期间的主要政治危机之一。

30 —— 20世纪上半叶战间期法国出现的一个左翼政治联盟。

31 —— 1936年至1939年间西班牙第二共和国发生的一场内战，由西班牙共和军和人民阵线等左翼队伍对抗以弗朗西斯科·佛朗哥为核心的西班牙国民军和西班牙长枪党。

32 —— 此处指的是西班牙第二共和国。1931年4月14日，西班牙国王阿方索十三世退位离国，西班牙第二共和国随之建立。1939年4月1日，西班牙第二共和国政府在内战中被佛朗哥领导的右派击败，佛朗哥遂建立独裁统治。

33 —— 1939年第二次世界大战爆发前，苏联与纳粹德国在莫斯科签订的互不侵犯条约，目标是初步建立苏德在扩张之间的友谊与共识，该条约导致波兰被瓜分。

34 —— 1940年5月10日，德国拉开了法国战役的大幕。6个星期后，法国政府投降。

35 —— 第二次世界大战期间，苏德战争双方在长达600公里的地区进行的重要战略性战役。该战役从1941年10月1日开始一直持续到1942年1月7日，还包括之后直至4月底的持续攻势，以12月5日为界，分为防御阶段与反攻阶段。

36 —— 日本海军于美国时间1941年12月7日对位于夏威夷的珍珠港海军基地的一次偷袭作战。珍珠港事件标志着太平洋战争的爆发，同时也是第二次世界大战的重要转折点。

37 —— 赫鲁晓夫在1956年的苏联共产党第二十次代表大会上发表"秘密报告"，对苏联前领导人约瑟夫·斯大林展开全面否定，披露了斯大林时期的统治问题，引发东欧动荡和1956年匈牙利事件。赫鲁晓夫在其任期内实施去斯大林化政策，为大清洗中的受害者平反。

38 —— 1964年10月，当赫鲁晓夫在黑海之滨度假时，苏共中央政治局委员列昂尼德·勃列日涅夫等人在莫斯科发动政变，赫鲁晓夫"被退休"，从此淡出政坛至1971年去世。

39 —— 罗马俱乐部于1972年发表的《增长的极限》调查报告，由丹尼斯·米都斯主笔。

40 —— 因南斯拉夫社会主义联邦共和国的解体而引发的一系列战争。

41 —— 1986年3月14日，美国总统罗纳德·里根发表的国情咨文《自由、地区安全和全球和平》，其中首次提出针对第三世界的方针，主要内容是与苏联争夺第三世界。

42 — 1856年4月14日，卡尔·马克思在题为《1848年革命与无产阶级》的讲话中提道："革命这个老鼹鼠总是在毫不留情地挖它的地洞，直到有一天被它在下面挖空的地面崩塌为止。"

3

学会生活

如果说，融入社交圈并实现自身理想是人类的第一个伟大理想，那么，人类的第二个伟大理想就是对诗意生活的追求。

"给时间以生命，而不是给生命以时间。"

——诺贝尔生理学或医学奖得主丽塔·列维-蒙塔尔奇尼（Rita Levi-Montalcini）[01]

"生活"这个词拥有双重含义。第一层含义是"活着、存在"，这是由我们身体的生理结构和机能来确保的，通过抵抗致命的退化来维持我们的生命状态：呼吸、吃饭、防御。从这个层面上来说，"生活"仅仅意味着维持生命，也就是生存。而"生活"这个词的第二层含义是面对机会和风险、欢乐和痛苦、幸福和不幸，过好自己的人生。虽说生存是生活的必要条件，但只为了生存而活着不能算是生活。

这就是我12岁时观看《三文钱的歌剧》（*L' Opéra de quat'sous*）[02]，目睹剧中乞丐的悲惨遭遇而获得的心得体会。后来，我不断目睹数不清的人间苦难，很多人在贫困、匮乏、压迫和屈辱中苟延残喘，甚至连生存都难以做到。

这是最深切、最普遍的人间悲剧之一：如此多的人牺牲了生活，注定只能生存。人道主义政策的主要任务之一就是创造一切条件，不仅为生存，更要让生活变成可能。

生活，就是享受人生赋予的一切可能——这就是我这些年逐渐获得的人生感悟。

◇ 我、你、我们

从少年时开始，我的主要需求就是实现自己的理想，并能够生活在一个充满爱和/或友谊的群体中。我发现这种渴望是普遍存在的，尽管难免有灰心丧气的时候，希望也可能会落空。这种首要愿望是个人的，尤其在我们的文明中，往往会演变成个人主义，接着就是自私自利，自我就这么凌驾于一切之上。还有一种情况，那就是在集体狂热中，"我"会消散在"我们"之中。伟大的奉献和自我牺牲精神就是这么来的，它们被赋予一种崇高的喜悦感。但这也会导致独立思考能力的丧失，在集体恐慌和谵妄中失去自我意识，就像在全知导师的宗教仪式上一样。

事实上，在这种个人与群体和/或与他人产生联结的愿望中存在着一股潜在的内部暗流，可能会制造出大麻烦。尽管如此，这依然是人类一大基本愿望。

"我"需要"你"，也就是说，人与人之间需要一种互相认可的亲密关系。"我"也需要"我们"。我是从1940年6月 [03] 开始回应这些深层情感需求的，当时法国正大难临头，而我的个性意识则觉醒了。

就这样，我在图卢兹完成了自我塑造。我加入难民学生联谊会，在学生接待中心找到了我的第一个个人职位。抵抗运动则像一场成人礼，我在 22 岁时成为一个重任在肩的成年人，同我的伙伴们患难与共，和我的伴侣维奥莉特心心相印。

◇ 我人生中的高光时刻

我所说的高光时刻，指的是我的社交生活和爱情生活都处于最佳状态的时期。1945年到1947年间，我生活在圣本笃街[04]的小圈子里。我和维奥莉特从德国归来后，玛格丽特·杜拉斯（Marguerite Duras）[05]在她家中接待了我们。她的丈夫罗伯特·安泰尔姆（Robert Antelme）刚刚康复，也住在那里。他俩不再发生肉体关系，但丈夫集中营的经历和奇迹般的归来令爱情得到了升华。杜拉斯的情人狄奥尼斯·马斯科洛（Dionys Mascolo）[06]成了罗伯特最好的朋友，午餐和晚餐时都在场，也常常在玛格丽特家过夜。我爱这三个人中的每一个，我和他们难舍难分。

每天下午5点钟左右，我和罗伯特一起去伽利玛出版社找狄奥尼斯——他是那里翻译部门的负责人。我俩爬上气派的楼梯，找到狄奥尼斯后，我们这三个好伙伴便一同前往附近的"希望"咖啡馆（L'Espérance），在那里有说不完的话。我们什么都聊，谈论各自最喜欢的作家、诗人和音乐家。到了晚上，我们就一起去小圣本笃（Le Petit Saint-Benoît）、花神咖啡馆（Le Flore）、鲍里斯·维昂（Boris Vian）[07]吹小号的禁忌酒吧（Le Tabou）。我们在老鸽舍餐厅（Le Vieux Colombier）[08]聆听雅克兄弟、朱丽叶·格雷科（Juliette Gréco）[09]的歌声，还有"行吟诗人"雅克·杜埃（Jacques Douai）[10]在那儿唱起《小铺路石》（Les petits pavés）和《我的爱》（L'amour de moy）。

玛格丽特既是女主人又是厨娘，烹制出法式-越南口味的午餐和丰盛晚宴，格诺[11]一家、莫里斯·梅洛-庞蒂（Merleau-Ponty）一家、勒内·克莱芒（René Clément）[12]一家和乔治·巴塔耶（Georges Bataille）[13]齐聚一堂，我们一起唱歌跳舞。每天下午，新老朋友来来去去，各抒已见，那些常客就组成了后来所谓的"圣本笃街的小圈子"（Groupe de la rue Saint-Benoît）。

可惜好景不长，这样的日子随着玛格丽特和维奥莉特同时怀孕而终结。我们夫妻俩不得不离开圣本笃街，在会展中心后面的旺沃[14]租了一间公寓房。爱的纽带还在，而我们的小圈子却寿终正寝了，后来大家渐行渐远，逐渐出现了分歧。他们的铁三角关系解体了，在不同程度上影响了我和他们三个人的关系。在狄奥尼斯人生的最后几年，我和他恢复了交往。我同他初次相识时就对他赞赏不已，我始终珍视这个朋友，直到他生命的尽头。我同样珍视同玛格丽特和罗贝尔度过的那段日子。他们仨始终与我关系密切，令我魂牵梦萦、念念不忘。[15]

1969年至1997年间，我在美国加利福尼亚州的拉霍亚也曾有过一个快乐的小圈子：当时我住在索尔克研究所专门为我提供的一座海边的大房子里，我和乔安娜在那里招待了从魁北克阿贝纳基部落来的同父异母姐妹艾拉妮丝、我的两个女儿、我的父亲以及我的姑妈，大家终于达成了互相谅解。

我们同约翰（John）和尚塔尔·亨特（Chantal Hunt）、雅克·莫诺（Jacques Monod）、乔纳斯·索尔克（Jonas Salk）、弗朗索瓦·吉洛（Françoise Gilot）[16]关系密切，这是一个融洽的小圈子，大家手拉着手，心连着心。

我们经常一起出席派对、晚宴、演出，其中有一场詹尼斯·乔普林（Janis Joplin）[17]的演唱会令人终生难忘。我们参加了多场大型露天摇滚音乐会。在震耳欲聋的音乐中，我们群情激昂，醉生梦死。

我一头扎进年轻人的嬉皮士圈子。对他们来说，仿佛"爱"与"和平"这两个词就能驱除世上所有的邪恶，就此进入水瓶宫新时代[18]。

在旧金山附近的拉克斯珀市，我又遇到了我在图卢兹的姐妹海伦娜。她家的大门敞开，接待八方来客。时间线已经从时光里消失了，没有人再求助于钟表，我们追随着太阳的轨迹，日出而作，日落而息。

一种文明想要诞生并且即将消亡，但由于在伯克利大学播下了愿望和起义的种子，引发了 1968 年世界各地的学生运动。我经历了这场天真的千禧年主义浪潮，虽然满怀热忱，但我知道它的任何愿景都不会实现。

每天早上，我前往索尔克研究所的办公室，在那里阅读生物学家的文件和报告，并研读那些对我在历史的复杂性方面的新课程会有所帮助的作者的著作，包括阿什比（Ashby）[19]、维纳（Wiener）[20]、贝特森（Bateson）[21]，尤其是冯·弗尔斯特（von Foerster）[22]。我随后离开办公室，一头扎进汹涌的海浪之中，回家品尝乔安娜准备的午餐，接下来一起去附近迷人的沙漠游览观光。

我们返回法国途中取道日本和亚洲大陆，结识了一批亲爱的朋友。这些友谊经受住了分离的考验，其中有一些人成了我们的莫逆之交。

我还记得意大利托斯卡纳大区卡尔迪纳的泽维尔·布埃诺（Xavier Bueno），他也和我们拥有过一个非常温馨和谐的小圈子。他家离菲耶索莱不远，周围遍布葡萄园和橄榄树，他和伴侣爱娃还有儿子拉斐尔住在一起。在那里，狗、猫、鹅和乌鸦情同手足，在同一个食槽里吃东西。

我和艾德薇姬在那里过得很开心，便决定在1979年夏季搬过去居住。可不幸的是，泽维尔在那年夏天去世了。我们几个在对已逝朋友的追忆中度过了那个夏季。

我在夏季前往突尼斯哈马马特和意大利蒙泰阿真塔里奥度假时，也形成了自己的小圈子，同米歇尔（Michèle）和让·丹尼尔（Jean Daniel）、杜恩（Doune）和让·塞雷萨（Jean Ceresa）、艾芙琳（Évelyne）和安德烈·布尔吉耶（André Burguière）成了好朋友……

美好的时光只是暂时的。

这些美好的回忆，不仅令我怀念，而且在喜悦中更是带着一丝甜蜜和感伤。

◇ 诗意的境界和幸福

所有这些幸福的时光都有一个诗意的维度。

如果说融入社交圈并实现自身理想是人类的第一个伟大理想，那么人类的第二个伟大理想就是对诗意生活的追求。

　　我发现了一个对我来说承载着人生一大真理的词语，那就是"诗意"。这里不仅仅指诗歌的诗意，更像超现实主义所宣称的那样，指的是生活的诗意。我对生活诗意品质的意识可以追溯到斯特鲁加诗歌节[23]，当时北马其顿还属于南斯拉夫[24]。我在那里做过一次演讲，那篇演讲稿成了我的《爱、诗歌、智慧》(*Amour, poésie, sagesse*)[25]一书的雏形。

　　为什么是诗意，而不是幸福？这两个词互为因果。诗意的境界带来幸福感，而幸福本身就蕴含着诗意。在我看来，诗意的境界是所有幸福的基础，是所有幸福的核心，无论短暂还是持久，无一例外。

　　我所说的诗意的境界，指的是我们面对美好事物时所表现出的一种情感状态。这种情感状态不只局限于艺术范畴，更存在于世间万物和我们的生活经历中，体现在我们的人际交往中。诗意的情感打开了我们的心灵，开拓了我们的心胸，令我们心生喜悦。这是人生中令人入迷的第二种境界：可以是温情脉脉的相视一笑，凝视脸庞或欣赏风景时的云淡风轻；可以是喜笑颜开，感到幸福时的心满意足；也可以是聚会派对、领圣体、跳舞、奏乐时的欣喜若狂；更是两情相悦时的浓情蜜意、意乱情迷、心跳加速。诗意的情感在极度兴奋中就能达到狂喜，我们在出神陶醉时，或在庄严的宗教仪式上，都会进入一种迷失自我的状态。

那么，我们能否说这种诗意的境界始于婴儿的微笑、孩童的嬉闹玩耍呢？不管怎样，诗意的境界因性格或脾气而异。遭遇不幸、努力求生、辛苦无趣的工作、唯利是图、无情的算计和抽象的理性，所有这一切都造成了日常生活中的苟且（以及这个字眼里所包含的平庸、乏味和无聊）。但即使如此，大多数人的一生中依然会出现几个诗意的瞬间。

我不会把苟且与不幸混为一谈：在苟且里没有欢

乐，在不幸中却包含痛苦。那些遭遇不幸的人、失去自由的人、被驱逐的人、悲惨的人，注定要活在苟且之中，即使他们有时也会拥有片刻的诗意瞬间。

多年来，我亲眼看到一种我们的文明所特有的苟且正在逐渐入侵我们的生活。我少年时代其乐融融的人际交往在战后那几年逐渐消失了。真诚的邻里关系、小酒馆吧台旁和地铁里的攀谈、街上扎堆看热闹的人群，都已少得可怜。门房、地铁里的检票员和车站站长、公共汽车上的乘务员都消失了，居民楼里邻居间的问候也日益稀少，老死不相往来的情况越来越多，开车的人都匆匆忙忙、急躁紧张，所有这一切都让我的城市和我的生活变得苟且无趣。于是，我和萨巴决定离开巴黎，搬到南部一座城市居住，那里的老城区用脚步就可以丈量过来，在那里我重新找到了失去的温馨与和睦。

生活品质的下降要归咎于我们的社会在组成和行为上只追求数量而无视质量。计算充斥我们的生活，将人类的一切作为可衡量的对象来对待，而对主观和情感的个体特征视而不见。计算让我们只看到GDP、统计数据、调查研究和经济增长。

根据伊万·伊里奇（Ivan Illich）[26]的说法，我认为和睦是生活品质的首要因素，它是诗意化的，使我们有能力在日常生活中满足所有人的认同需求。而这种和睦的第一赏心乐事就在我们遇到陌生人时的那声"你好"之中。

小时候，我经历过许多诗意时刻。它存在于我母亲的拥抱中，存在于嬉闹玩耍时，存在于我的启蒙读物中：一个13岁小毛孩的冒险[27]或者是《棒极了》（*L'Épatant*）[28]中连载的《臭皮匠》（*Pieds Nickelés*）[29]，还有塞居尔伯爵夫人（Comtesse de Ségur）[30]撰写的那些小说。这种诗意时刻也存在于对骏马或女人臀部的色情描写之中，我还记得当年保暖棉的广告形象：浑身赤裸，只有一团棉花蔽体，边走边喷发出火焰。

总而言之，诗意来自生活，我们称之为"生活的乐趣"。这种东西一旦出现，诗意就会破壳而出。它能使婴儿开怀，让狗儿撒欢，让猫儿伸起了懒腰，让小动物们撕咬打架，以及我们在童年、少年甚至成年后乐此不疲的所有把戏：为快乐而战是何等快乐！

◇ **我的诗意体验**

有些诗意体验存在于对大自然壮丽美景的赞叹中，很多人都能感受到，但也并非绝对如此。我记得这么一件事：一位革命者流亡到瑞士，在登上山顶后，面对着美不胜收的景色，他非常愤怒地嚷嚷起来："啊！这些社会民主党的大毒草！"

诗歌的诗意经常出现在我的脑海中，令我情不自禁吟诵起来。小说和电影的诗意会占据我们的心灵，让我们沉浸在忘我的状态中，托尔斯泰和陀思妥耶夫斯基的作品就是如此。

有一次我在卢浮宫，面对着德加（Degas）[31]的《小舞女》，被一种近乎狂喜的感觉击中——我在我的回忆录[32]中曾提起过这段经历。我也曾体验过音乐赋予的狂

71

喜：十三四岁时，我在巴黎夏沃音乐厅第一次听到贝多芬《第九交响曲》的第一乐章，当时就如痴如醉。每当这段乐章响起，我就会陷入忘我的境界。

人人都热切渴望诗意的生活，但这样的时光可遇而不可求，也无法提前预知。极乐的诗意求之而未必可得，需要汇集天时地利人和，就好像占星术里的九星连珠，和谐、宁静和神力以一种不可言说的方式融合在一起。

是的，幸福是可能的。即使它们数量有限、稀罕珍贵，但正是它们构成了我们生活的本质。

然而，这些幸福消失了，人与人之间的联结松开了，接着发生了断裂。从巴黎圣本笃街到意大利卡尔迪纳，无论我走到哪里，都有过很棒的社交圈子。我亲眼看到这些原本不可分割的纽带分崩离析；我亲眼看到原本矢志不渝的爱情变得形同陌路，甚至最终反目；我亲眼看到相亲相爱的兄弟姐妹四散飘零、渐行渐远——离散成了人生最终分道扬镳的前奏。

诗意的最高境界是爱的诗意。它在眼角眉梢、明眸流转、莞尔一笑中欣然绽放。眼神交汇之时，点燃电光火石，迸发出诗意的火花。爱的诗意来自所爱之人，如果对方不再激发诗意灵感，就意味着爱的终结。这种诗意在云雨之欢的极乐中达到高潮。如果真的有爱，就不会有悲伤，而是雨散云收后的温存。我爱过的每一个女人，无论最终有没有和我结婚，都曾带给我她的诗意，爱情的诗意始终润泽着我的人生。

但同时也存在着黑色的狂喜——来自性爱深渊的痴狂。我从中经历了两个阶段：谵妄幻化为极乐，淫秽嬗变成神圣。

◇ 生活小确幸

我必须提一下人生里那些幸福诗意的短暂瞬间，它们无来由地抓住了我们，就像我们走路时，身体欢乐地告诉我们它像一台机器一样运转良好。在冬日的阳光下或春季的好雨下散步，这种诗意会愈加强烈。我曾经历过一个诗意的喜悦瞬间：在街头一座公共汽车站，我看见一个年轻女孩正在读信，那粲然一笑照亮了她的脸庞。我经常在街头、市场、餐厅里发现诗意，尤其是当我凝视地铁里诸位女性的面孔时，无论她们年轻、成熟还是衰老，都带着深不可测的神秘感。

生活里充满了数不清的诗意小确幸：在舍梅特酒庄品尝博若莱新酒、我支持的球队进球时球员在球场上欢呼、把一块面包递给一只落在阳台上的海鸥、看书读报或听笑话、烹调我拿手的奶酪烤茄子……就等着你去发现！

◇ 历史的狂喜瞬间

我现在要讲一讲那些带给我诗意情感的历史瞬间，也就是那些狂喜时刻。年少时，我曾经历过1936年6月的大罢工，如同一场轰轰烈烈、团结互助、充满希望的大浪潮——团结互助是真切的，满心的希望却落了空。

我特别想要提一下我所说的历史狂喜：那些非比寻

常的时刻，珍贵而短暂，解放、自由、互助。就拿巴黎解放来说吧，经过整整一星期的起义暴动，我和伙伴们经历了这一重要历史时刻：那是1944年8月24日夜间，所有的教堂钟声响起，被德军占领的楼房都燃起了熊熊大火。我和我在全国战俘和被驱逐者运动（MNPGD）中的同志们早在起义一开始就占领了巴黎克里希广场上的战俘之家。那时我们站在顶楼露台上，当时有消息传来——勒克莱的装甲部队已经抵达巴黎市政厅。我们便动身前往市政厅。晨曦初露之时，我们终于遇到了勒克莱部队的第九连。他们已筋疲力尽，但依然欢欣鼓舞。我们流下了欢乐的泪水，以此感谢他们的到来。

接下来的 8 月 26 日，在戴高乐和全国抵抗委员会成员的带领下，法国内务部队或是步行或是开车，在民众的簇拥下从星形广场出发，前往市政厅。当时我也在场，我站在乔治·博尚（Georges Beauchamp）驾驶的敞篷车内，手中高举着三色旗[33]，车里坐着维奥莉特、玛格丽特·杜拉斯和狄奥尼斯。欢呼声突然被枪声打断——有人朝着游行队伍放冷枪。那时还没有抵达罗斯福大街的十字路口，部分游行队伍被冲散了。而我们的敞篷车迎着从屋顶呼啸而来的子弹疾驰，三色旗始终高高飘扬，那些趴在奥斯曼大街百货公司遮阳篷上看热闹的群众对我们连连鼓掌喝彩。

1974年4月，我又一次见证了历史：那是在里斯本，极权政权覆灭几天后，我和亲爱的朋友们都沉浸在康乃馨革命最初的喜悦之中。后来，葡萄牙发生内部冲突，差点将革命演变为人民民主政权。[34]

我以间接的方式经历了1989年11月9日发生的柏林墙倒塌事件，通过电视目睹了数十万东德人越过柏林墙，以及接下来发生的东西德和平统一。俄罗斯大提琴家罗斯特罗波维奇在倒塌后的柏林墙下演奏巴赫的曲子，这一崇高时刻令我动容。我曾于1989年至1991年间多次前往莫斯科，那时适逢该国实行经济改革（Perestroïka）和开放政策（Glasnost）[35]。

观看足球或橄榄球比赛时的群体情绪也令我欢喜。我喜欢球将入未入的一刹那，点燃射手及其队友们的狂喜；还有支持者们的如醉如痴，都紧紧抓住了我的心。几十年来，我只在电视上收看比赛，但我对六国橄榄球锦标赛和足球世界杯尤为着迷。法国足球队两度问鼎世界杯，我经历了全国上下一片欢腾。在那几小时内，大家都成了相亲相爱的好兄弟。

但在诗意境界中存在着一种危险，其性质深不可测，时而变得神秘，时而也会走向邪恶。

教派的诗意也可能是黑暗和恶意的，就像当年在纽伦堡召开的纳粹集会一样，对于元首和国家的"爱"，与雅利安民族虚伪优越感的愚昧狂妄是分不开的。折磨和羞辱他人时会产生施虐的快感，里面同样充斥着黑色的诗意。

一旦发生排外行为，一旦在自私的享受中关闭自我，如果另外还伴随着仇恨和轻蔑，诗意境界就会变质。也就是说，真正的诗意境界，是一种开明的境界，而不是封闭的。这种境界以开明的姿态——开明面对他人、开明面对世界、开明面对生活、开明面对全人类，来为诗意汲取养分。

◇ 被他人认可的需求

不知何时，我清楚地意识到：除了满足吃饭穿衣、经济收入、人身安全等物质需求之外，人类还拥有另一种具有普适性质的基本需求——我本人对此怀有深切感受，并在同他人的交往中注意到了，那就是人类有被他人认可的需求或愿望。德国哲学家黑格尔通过他的主奴辩证法首先设想出这种愿望，后来又通过"自我意识只有在另一个自我意识中才能获得满足"的理念予以拓展。

阶层、种族、等级的目中无人、无动于衷、趾高气扬，都是文明的毒瘤，在羞辱他人的同时否定了遭受羞辱的对方作为人的完整资格。被奴役者和被剥削者越是遭到非人的待遇，他们对获得认可的愿望就越为迫切。阿克塞尔·霍耐特（Axel Honneth）[36]在《承认的斗争》（ *La Lutte pour la reconnaissance* ）[37]一书中，从"要求承认"的角度，对基于黑格尔理论的人类冲突行为进行解读。

有鉴于此，许多民众的抗议、愤怒和反抗，例如近年来法国的"黄马甲运动"，多少反映了他们生而为人所拥有的被他人认可的需求——也就是尊严。这一点是毫无疑问的，即便这不是他们唯一的诉求。

这种被他人认可的需求在友谊或爱情中拥有特殊的表现。一个人被人爱，就意味着他被认为是可爱的；被人欣赏，就意味着他被认可为一个善良美丽的人。获得尊重满足了人类对自尊的需求，被他人认可就是这种需求的支柱。

对陌生人或邻居打招呼的传统是一种基本的认可标志："你存在，我承认你是一个人。"一旦这种陌生人之间问候的传统消失，就意味着我们认可他人的姿态在退化。

人一旦被仅仅视为统计对象，就可能不再作为人类得到认可。我们甚至可以说，那些打着技术治国和经济治国旗号的官僚一旦在数量上占了上风，就会把老百姓简化为一个个数字，而这只会令人类获得他人认可的需求越来越强烈。

学会生活，将理想与"真实生活"相结合，是一种在"自我"与"我们"之间的恒久关系中实现个人理想的需求，是诗意的生活品质，是获得他人认可的愿望的满足。学会生活没有秘诀可循，就像幸福没有秘诀一样，但总有榜样可供参考。每个人或多或少都有"学会生活"的愿望。

我们的人生除了孜孜学习如何生活以外，还能有什么呢？

注 释

01 ── 丽塔·列维–蒙塔尔奇尼（1909—2012），意大利神经生物学家、医生，1986年诺贝尔生理学或医学奖获得者。

02 ── 1928年在柏林首演的音乐剧，后于1931年被改编成同名电影。该剧通过荒诞的喜剧形式，讽刺了资本主义社会。

03 ── 1940年6月22日，法国向德国投降。

04 ── 位于巴黎6区，杜拉斯曾在这条街5号居住多年直到去世。

05 ── 玛格丽特·杜拉斯（1914—1996），法国著名作家、编剧和导演，代表作有《情人》和《广岛之恋》。

06 ── 1947年，杜拉斯同罗伯特·安泰尔姆离婚，嫁给了狄奥尼斯·马斯科洛。

07 ── 鲍里斯·维昂（1920—1959），多才多艺的法国作家、诗人、音乐家，对法国爵士乐影响深远。

08 ── 上述餐厅、酒吧和咖啡馆都位于巴黎左岸圣日耳曼街区。

09 ── 朱丽叶·格雷科（1927—2020），法国著名女歌手，代表作有《我就是我》《在巴黎的天空下》。

10 —— 雅克·杜埃（1920—2004），真名加斯东·唐雄（Gaston Tanchon），因翻唱法国中世纪民谣歌曲而被誉为"现代的行吟诗人"。

11 —— 雷蒙·格诺（Raymond Queneau，1903—1976），法国著名诗人和小说家。

12 —— 勒内·克莱芒（1913—1996），法国电影导演，代表作《禁忌的游戏》。

13 —— 乔治·巴塔耶（1897—1962），法国哲学家，享有解构主义、后结构主义、后现代主义先驱的美誉。

14 —— 位于巴黎南部近郊的一座市镇。

15 —— 罗伯特·安泰尔姆、玛格丽特·杜拉斯和狄奥尼斯·马斯科洛先后于1990年、1996年和1997年去世。

16 —— 弗朗索瓦·吉洛（1921—　），法国画家、评论家和畅销书作家。曾是毕加索的情人和艺术缪斯，并为他生下两个孩子。

17 —— 詹尼斯·乔普林（1943—1970），美国"蓝调歌后"，1970年因吸毒过量逝世，年仅27岁。

18 —— 又名"新时代运动"，大约起源于1960年。这种说法源自古代玛雅人预言的新纪元，标志着人类步入越来越文明的新阶段。一群西方的知识分子，反对过分重视科技与物质却忽略了心灵与环保，他们对东方的宗教系统感兴趣，并

将其与西方的知识系统做了整合，爱与和平是其核心思想。

19 —— 英国精神病学家，也是控制论的先驱，研究机器和生物中的通信科学和自动控制系统。

20 —— 美国应用数学家，控制论的创始人，也是第一个从数学的角度深刻研究布朗运动的数学家。

21 —— 英国人类学家、语言学家、符号学家、控制论学者。

22 —— 奥地利裔美国科学家，控制论的先驱之一。

23 —— 每年在北马其顿举行的国际诗歌节，以"金环奖"为最高荣誉。

24 —— 1991年南斯拉夫解体，北马其顿独立。

25 —— 法国Seuil出版社1997年出版。——原注

26 —— 伊万·伊里奇（1926—2002），克罗地亚裔奥地利哲学家、天主教神父。现代西方文化制度的批评者，其批评的对象包括当代教育、医疗、工作、能源使用、交通和经济发展等方面。

27 —— 美国作家爱德加·莱斯·巴勒斯撰写的《人猿泰山》里的人物故事。

28 —— 法国连环画杂志，1908年创刊，1938年停刊。

29 —— 直译为"镀镍的脚"，是法国编剧、漫画家路易·福尔东于1908年创作的漫画。

30 —— 塞居尔伯爵夫人（1799—1874），出生于俄国圣彼得堡，

从小定居巴黎。开启了法国儿童文学的先河，代表作是《苏菲的烦恼》。

31 —— 埃德加·德加（1834—1917），法国印象派画家、雕塑家。《舞女》系列是他的代表作。

32 —— 《点点回忆涌上心头》（*Les souvenirs viennent à ma rencontre*），法国Fayard出版社2019年出版。——原注

33 —— 法国国旗为蓝白红三色旗。

34 —— 1974年4月25日，葡萄牙左翼军人组织武装部队运动与民间改革派势力联手，在里斯本发动康乃馨革命，并推翻了第二共和国独裁政权。之后，该国进入为期两年的混乱过渡时期，政府更替频繁，10年内更换了15个总理。之后，葡萄牙正式开始民主化进程并发展成为今天的体制。

35 —— 担任苏联共产党中央委员会总书记的米哈伊尔·戈尔巴乔夫自1987年6月起推行的一系列经济改革措施。它与戈尔巴乔夫在1985年提出的政治改革开放政策共同构成了戈尔巴乔夫执政时期苏联国内政策的核心。

36 —— 阿克塞尔·霍耐特（1949—　），德国社会理论家，法兰克福学派第三代核心人物。

37 —— 法国CERF出版社2000年出版。——原注

4

复杂的人性

我对人性复杂的认知求索将我引向了不可避免的终极问题：
人类的认知对人类本身的了解是怎样的？

我没有从父亲那里继承任何文化、宗教、政治或伦理理念。

　　于是，我就独自寻找，在各种危机、狂风骤雨、骚动混乱、二十世纪三四十年代青春期的狂热之中寻找自己对生活、世界、社会和各类事件的答案。我对一切都感到好奇，对政治和社会产生越来越多的疑惑。那个时期发生的各种出人意料、令人不安的可怕事件，激发了我的疑问。在那10年间，我经历了一连串历史性的剧变。如何解释我们走过的这段动荡的历史进程？该怎么做？怎么做出反应？

◇ **人类的际遇**

当时我并不知道康德，却自发地提出了康德式的三大考问：我能知道什么？我该怎么办？我能期待什么？[01]

二战爆发前发生了许多事件，一件比一件更具有威胁性，更是令上述三大考问越来越振聋发聩。

我不得不对历史进程和人类际遇展开思考，这不仅由于各种超乎理性的事件的层层加码，还离不开我的朋友乔治·德博伊（Georges Delboy）的影响——他本人则深受他的哲学老师、马克思主义者雷内·莫布朗（René Maublanc）的影响。我是在前线学生会议上同德博伊相识的。德博伊让我相信：唯有马克思主义，这种同时建立在哲学、科学、社会学、经济学、历史学、政治学之上的思想，将分散到各个箱格化学科之中的知识整合在一起，方能帮助我们对人类的各种问题获得充分的解答。

就在我进入大学的那一年，二战爆发了。战争粉碎了我所有的政治期许，但也督促我学习，并非为了生计，而是为了了解全人类的生存状况而学习。我那时已经明白，在任何信仰和任何希望之前，正如康德所说，首先需要知道人是什么。也正是从那时起，我确立了自己一生的志向和使命。既然人类的知识被分门别类划分为各种学科，我就在文学院报名攻读哲学学士学位（其中包含社会学和心理学课程）和历史地理学士学位，在法学院修习经济学，在巴黎政治学院攻读政治学。1940年6月，我转移到图卢兹躲避战火，不得不放弃了在巴黎政治学院的学业。尽管如此，我依然在不知不觉中投入到对复杂人类学的研究之中。马克思的思想指引了我，尤其是他的《1844年经济学哲学手稿》[02]，他在该文中提到自然科学和人文科学之间必须交叉融合的观点。

那时我坚信，人类社会的基础是物质和经济的，而思想、传说或信仰，只是依赖它们生存的上层建筑。

◇ 传说的力量

8年后，在我主观意识上同斯大林主义决裂的过程中，我撰写了《人与死》这本书。我发现传说、宗教、意识形态构成了和经济进程以及阶级冲突同样重要的人类和社会现实，这使我摒弃了马克思主义从经济基础结构将人类历史合理化的看法。对死后生命（幸存、重生、复活、天堂……）的信念极其多样但具有普世的特征，我从中意识到想象是人类境况的组成部分。

在我思考我们这些肉身凡胎的生存状况时，出现了两种悖论。其中第一种指的是：从尼安德特人开始，人类已完全意识到死亡就意味着心脏和大脑停止一切活动，身体变僵硬，开始不可逆的分解。然而，这种对死亡的经验性认识在信仰中被超越了。同样是从尼安德特人开始，人类就相信人死后会以鬼魂或幽灵的形式存在，或者投胎转世为人或动物。后来，到了罗马帝国，随后在阿拉伯世界，在基督教和伊斯兰教两大救赎宗教中，死亡被升华到复活的境界。

第二种悖论是：在所有文明中，都存在着深深植根于人类意识中的对死亡的恐惧。人们始终被自杀的风险所支配，乃至会为了子孙后代、家人、祖国、信仰而献出自己的生命。

◇ 疯狂的智人（Homo sapiens demens）

后来，我的学习和生活阅历日渐丰富，我就在《迷失的范式：人性研究》一书中直面人类学。我在二战前、战时以及冷战时期目睹的政治、社会的所有好战、疯狂行为，无论是个人的还是集体的，都促使我将疯狂人（Homo demens）和智人（Homo sapiens）以一种既对立又不可分离的方式联系起来。

我之所以能够将这两种对立联系起来，是出于我对人类矛盾性的认知。帕斯卡（Pascal）[03]以令人钦佩的方式明确地阐述了上述矛盾，他成为我永不枯竭的思想源泉之一。人类思想必须面对这种认知，而不是妄图消除矛盾——我在黑格尔理论里也发现了这一点。古希腊哲学家赫拉克利特则更加一针见血，他提到"矛盾生万物"以及"对立是有用的，在斗争中才能诞生出最美丽的和谐"。

人类的复杂性可以通过一系列两极对立来表述：

△ 智人（Homo sapiens）（理性明智），同时也是疯狂人（Homo demens）（疯癫狂妄）；

△ 能人（Homo faber）（工具制造者、技工、建造者），同时也是信仰人（Homo fidelis）（笃信、轻信）或宗教人（Homo religionis）（宗教）、神话人（Homo mythologicus）（神话）；

△ 一心追求个人利益的经济人（Homo aeconomicus）[04]也是不够的，必须让位于游戏人（Homo ludens）（游戏者）和自由人（Homo liber）（从事无偿活动）。

简而言之，在智人、能人、经济人身上存在的理性基础，仅仅构成人类（个人、社会、历史）的一个极点，而热忱、信仰、传说、幻想、妄想、游戏构成了同等重要的另一个极点。

这么一来，我就可以想象，疯狂不仅是那些被关起来的可怜人的专利，也是愤怒民众的心声，会导致一时的癫狂。狂妄自大或失了分寸的疯狂，无穷无尽、永不满足的野心，不仅是个人一心追求权力和财富的特有表现，也可能发生在国家层面——在我看来，这是西方文明本身妄图主宰地球的执念。

要认清人类历史，就必须将马克思和莎士比亚结合在一起。我相信确实有弗洛里奥[05]这么一位犹太裔意大利人，他改变了信仰并移居英国，成为莎士比亚悲剧虚无主义的灵感来源。在他看来，不存在任何救赎。

直到后来，我才明白智人另一个自相矛盾的方面——冷酷的理性，也就是计算、统计、经济学的理性。这种理性在某种意义上是不人道的，因为它对感情、热忱、幸福、不幸以及构成我们存在的一切都视而不见。

纯粹而冰冷的理性既不人道也不合理，更何况生活是一门未知和难懂的艺术，生活的所有激情都是为了不向迷茫低头，必须由理性来守护，而所有理性又必须由某种激情来激发，其中首当其冲的就是认知的激情。

我从中获得的一个重要心得感悟是：所有的激情都必须由理性来守护，所有的理性都必须由激情来点燃。

我对人性复杂性的认知求索，将我引向了不可避免的终极问题：人类的认知，对人类本身的了解是怎样的？

我意识到我们的主要认知模式存在缺陷，因为它建立在分离（将彼此相连的东西分离）和简化（将整体化简为组成元素）的基础上。我将在最后一章详细论述认知所面临的困难。

最后我意识到：认知的最大未知之一，即在于认知本身。

◇ **埃德加人**（*Homo edgarus*）

我既不能也不想摆脱人类的多极化，但我尽量试着将理性融入自己，并将其与缺失的部分——生活的诗意，包括激情——联系起来。不过，我无法不让自己发怒，也无法遏制性欲的迸发。

我是能人（*faber*），既像勤杂工一样渺小，又像建筑师一样伟大，尤其是我构建起了自己全部著作的基石——复杂性思维。

我是宗教人（*religionis*），曾经在长达5年的时间里相信能够通过共产主义拯救世界，而且我始终信奉博爱和地球母亲。

我是经济人（*æconomicus*），依靠研究员的薪水和版税维生。但我这个经济人从来就不喜欢金钱，早早就挥霍掉了自己的资产，如今快到了生命的尽头，却发现自己一无所有。

我是游戏人（*ludens*），喜欢玩乐、说笑、吹牛，喜欢观看大型足球或橄榄球比赛。

我还是个经常从事无偿活动的自由人（*liber*）。

两极分化的终极形态，就是苟且和诗意的对立。我会尽我所能去摆脱各种责任强加给我的苟且，以及我人生和文明之中的种种桎梏。我喜欢达到诗意境界，哪怕只是一时的。稍纵即逝的诗意境界，就如同某天下午沐浴着阳光在蒙彼利埃[06]市中心普朗宫街上散个步，就是这样美好。

另外，我仔细端详了自己身上这四个恶魔（用希腊人的说法）：它们似乎既从外部掌控了你，又自内部激发了你。它们是对立且互补的。它们造就了我，不舍昼夜。这四个恶魔分别是理性、信仰、怀疑主义、神秘主义。

我谈到了必要和不充分的理性，谈到了我的信仰、恋爱和博爱；我谈到了我那起初稚嫩、后来演变成怀疑主义的虚无主义，这构成了我信仰的核心，始终令我悸动不已。至于神秘主义，那是我在人生的诗意情感中感受到的惊奇。

◇ 青春化和不完整

在撰写《迷失的范式：人性研究》一书之前，我在《论据》（*Arguments*）杂志[07]工作的时候，曾为博尔克[08]的理论所震撼。根据他的理论，人与猿猴的不同之处在于，人是保留胎儿特征的灵长类动物：身体上没有毛发覆盖，脸部是平直的，嘴巴并不长，包皮包裹着龟头。但在心理和情感上，成年人可以保留孩童的好奇心和少年时的理想，以及对父母和朋友的强烈感情。也就是说，在双足化、脑化、体力化的同时，人类演化的过程还是一个青春化的过程。

人性化不完整的观点也是来源于此。这种不完整会产生一种失落、缺失感，一种对爱和热情的需求，一种对绝对的渴望。海德格尔在我们生存所特有的痛苦中推断出这种对绝对的追求，人生总是缺乏并将永远缺乏一些东西。

◇ 人类的反复无常和三心二意

智人、疯狂人、能人、神秘人、经济人、游戏人和自由人之间的关系，体现在每个人身上时都是灵活多变的。

这就是为什么我们中有许多人善变，能够犯下大恶，也能行大善；在某些情况下善解人意，在其他情况下则麻木不仁；亦正亦邪，时而理想主义，时而玩世不恭。理性、激情、谵妄、信仰、神话、宗教之间的关系在每个人身上都是善变、不稳定且可以改变的。人类既不好也不坏，他们是复杂多变的。

我们还必须考虑到人类的演变和转变。每个人都是从童年开始长大，在生活环境、个人经历以及各种影响下逐步发展的，成年和老年阶段也不例外。

最后，有必要谈一谈个人和国家层面的离经叛道和改邪归正。

历史剧变造成的离经叛道不计其数，这些事件本身就扰乱了人们的心神，使人误入歧途。我观察过诸多这般行为：我曾目睹人民阵线国民议会将票投给了贝当元帅；我曾目睹有些左翼和平主义者朝着维希政权靠拢，后来甚至不再与"德意志和平"（pax germanica）（1940年至1941年初）委身合作，而是转为支持德国发起的战争和纳粹主义；我曾目睹有些社会主义者转投那些他们认为正在成为社会主义者的纳粹欧洲阵营；我曾目睹法国共产党领导人多里奥[09]摇身一变成了纳粹，身着德国党卫军制服死去；我曾目睹德国一些在二十世纪三十年代反法西斯的群众转向法西斯主义，后来有些在意大利的法西斯主义信徒又变成反法西斯者；我曾目睹有些受到最优秀的博爱意识形态激励的共产主义者变得惨无人道；我曾目睹有些知识分子，首当其冲的就是理性主义的信徒朱利安·班达[10]，为斯大林时代那些被操纵的疯狂审判辩护；我曾目睹多米尼克·德桑蒂[11]从一只淘气的小猫咪变成一只无情的母老虎，写下了《铁托和他的朋友们的面具和嘴脸》（*Masques et visages de Tito et les siens*）这本冷酷无情的书；我曾目睹精致的怀疑论者皮埃尔·库尔塔德[12]和伟大的皮埃尔·埃尔维[13]一样，用卑鄙的言辞为那些同样卑鄙的审判做辩护；我曾目睹善良的安德烈·曼杜兹[14]为民族解放战线对梅萨利·哈吉[15]的支持者所采取的暗杀和诽谤行为做出如下辩解："你还能怎样，要做蛋饼就不得不打破鸡蛋"；我曾经目睹知识分子各种骇人的行为，以后肯定还会有……

年龄和经历所带来的转变，不一定都是清醒理智获胜。这就是为什么如此多的共产主义者、幻灭的托洛茨基主义者都变成了排外的民族主义者，或者回归他们童年时代保守的宗教信仰。就我本身而言，我始终保有年轻时的理想，永远对宗派主义说不，如今的我信奉完全的政治自主。

最后，还存在着一种惊人的现象，能够让信念彻底反转过来，那就是"启示"。这就是为什么扫罗在去大马士革的路上成为保罗；这就是为什么不信教的奥古斯丁成为笃信虔诚的榜样；这就是保罗·克洛岱尔（Paul

Claudel）[16]1886年在巴黎圣母院举行的圣诞仪式上发生的事情，这位无神论者在那里得到了恩典启示——"就在那一刻，我的心被触动了，我相信神确实存在"。夏尔·佩居伊[17]（Charles Péguy）和勒南[18]的外孙欧内斯特·皮夏里（Ernest Psichari）[19]也是在这种情况下在二十世纪初信了神。后来，保罗·艾吕雅[20]等人为了摆脱虚无主义，开始信仰共产主义。（这位诗人曾说过："要不是共产党，我早就打开煤气自杀了。"）

◇ 暗流涌动的心路历程

不用说，确实存在着某些循序渐进的转变期间发生的暗流涌动的心路历程，人们甚至可能自己都长久觉察不到：年轻的胡安·卡洛斯就是这种情况，他在原教旨主义的佛朗哥主义中长大，继位后成为西班牙民主的守护者；前苏共总书记米哈伊尔·戈尔巴乔夫也是这样，他摇身一变成了欧洲乃至全球的人文主义者；最后，正是多亏了这种暗涌的精神，将看似墨守成规的主教贝尔戈利奥转变为教宗方济各。他重新传递出博爱的福音，在面对生态危机和全球化逐利失控的状态时，发出呼救的声音。

我想说的是，在我看来，世界上最令人欣慰的事情之一，莫过于有些灵魂表面上遵守灌输给他们的政治或宗教信念，可良知在他们的内心暗流涌动，将这些人改变为教皇方济各那样的人。

◇ **人类的三位一体**

我刚刚展示了个人特有的复杂性。在这一小节，我想言简意赅地指出，这种个体复杂性是定义人类个体、社会、物种这种复杂三位一体的三个术语之一。

在这个三位一体中，就像在神圣三位一体中那样，每一个术语和其他术语互为生成语。个体是由物种产生的，它们是生殖性结合的产物。个体之间的互动产生了社会，而社会反过来将其语言和文化回馈给其中的个人，从而塑造出每个人的完整人性。这三个术语中的每一个都包含在其他术语中。因此，整个社会都存在于社会内部的每一个个体内部，而作为决定物种的遗传基因蕴含在我们人体每个细胞的DNA中，我们也包含在物种之中。

我们拥有生命和基因，但我们同样被它们的组织力量所拥有，这些组织力量负责我们的心脏、肺、动脉和消化系统的运作。

另一方面，我们的思想被传说、宗教和意识形态所影响，而这些又都是人类思想的产物，支配着人类的一言一行，享受人类的崇拜和奉献。最后，我们在爱恋、热情、舞蹈中会陷入恍惚和几近忘我的状态。

赫拉克利特写道："清醒的他们睡着了。"从某种意义上说，我们都是表面上清醒的梦游者。

人类的复杂性常常被简单化、单边主义和教条主义所掩盖，我希望本章我的回顾和陈述能够激发起广大读者对人类复杂性的认识。

注 释

01 —— 参见康德的《纯粹理性批判》，1800年出版。——原注

02 —— 又名《巴黎手稿》，是卡尔·马克思在1844年4月至8月之间撰写的一系列重要笔记。马克思生前从未发表这份手稿，后来由苏联研究人员整理后发表。

03 —— 布莱瑟·帕斯卡（1623—1662），十七世纪法国神学家、哲学家、数学家、物理学家，其生前笔记被整理为《思想录》，在其死后出版。

04 —— 经济学术语，它假定人是始终理性且自利的，并以最优方式追求自己的主观目标。

05 —— 有研究表明，出身意大利西西里岛的语言学家约翰·弗洛里奥（1553—1625），才是英国文豪莎士比亚作品的真实作者。

06 —— 法国南部重要城市。

07 —— 莫兰在1956—1963年创办了《论据》杂志，自任主编。

08 —— 路易·博尔克（1866—1930），荷兰解剖学家和生物学家。

09 —— 雅克·多里奥（1898—1945），法国政客。原属法共，后与法共决裂，自建法国人民党。

10 —— 朱利安·班达（1867—1956），法国作家和评论家。曾于1927年发表《知识分子的背叛》（*La Trahison des Clercs*）一书，专门研究知识分子问题。

11 —— 多米尼克·德桑蒂（1914—2011），法国女作家和记者。

12 —— 皮埃尔·库尔塔德（1915—1963），法国作家和记者。

13 —— 皮埃尔·埃尔维（1913—1993），法国政治家、哲学教授、记者、反法西斯战士、法共成员。

14 —— 安德烈·曼杜兹（1916—2006），法国历史学家、反法西斯战士。

15 —— 梅萨利·哈吉（1898—1974），土耳其裔，苏菲教派，阿尔及利亚民族主义领导人，主张结束法国在阿尔及利亚的殖民统治。

16 —— 保罗·克洛岱尔（1868—1955），法国作家、诗人、外交官，法兰西学院院士。

17 —— 夏尔·佩居伊（1873—1914），法国作家。

18 —— 欧内斯特·勒南（1823—1892），法国人，中东古代语言文明研究专家、哲学家、作家。

19 —— 欧内斯特·皮夏里（1883—1914），法国军官、作家，在一战时阵亡。

20 —— 保罗·艾吕雅（1895—1952），法国诗人，超现实主义运动发起人之一。其诗篇《自由》在二战期间传诵一时。

5

我的政治经历：
在时代的洪流里

　　我在这些动荡的岁月中完成了自己的学识修养，
直到今天，这依然是我逐渐构建起来的政治思想的基石。

1934年2月6日巴黎发生了反议会示威游行[01]，这让13 岁的我第一次产生了政治意识。我目睹我的同班同学们分成了两派：一派是火十字团[02]的信徒，另一派则支持社会主义和共产主义组成的共同阵线（很快和激进党[03]一同扩展成人民阵线联盟[04]），两派互不相让，有时甚至发生激烈对抗。

由于没有先入为主之见，上述两派对立的见解让我之前阅读阿纳托尔·法郎士[05]作品时产生的怀疑论思想得到进一步发展。

随后，我在这些动荡的岁月中提高了自己的学识修养。直到今天，这依然是我逐渐构建起来的政治思想的基石。这种学识修养一方面融合了法国人文主义传统，从蒙田到罗曼·罗兰，还从孟德斯鸠、伏尔泰、狄德罗、卢梭、雨果这些大文豪那里汲取养分；另一方面乞灵于托尔斯泰，尤其是陀思妥耶夫斯基的俄罗斯人文主义，他对人世间悲苦的特别关注是西方人文主义所不具备的，这让我始终对所有损害和侮辱行为都憎恶不已。

任何对民族、宗教、种族的歧视或排斥都让我极其反感，这种反感始终植根于我的内心深处。这种反感同法国大革命的主旨以及社会主义思想紧密融合在一起。

我意识到自己出身于一个被诅咒了千年的民族，再加上二十世纪三四十年代出现的排犹主义毒瘤，这无疑增加了我对所有被诅咒、被征服、被奴役、被殖民的人民的同情心。但我始终想保持自己人道主义的普世主义者的立场。

◇ 二战前的教训

我在二战后回想当初，方才意识到：从1929年的经济危机开始，一场巨大的历史风暴酝酿成形，后来愈演愈烈，到了1940年至1945年间，就以世界大战的形式释放出来。二战造成7000万人死亡，还有不计其数的伤员、孤儿和寡妇。

我的心神被裹挟在战前风暴的旋涡之中，经历了一场思想上的混乱。在民主、资本主义这些令人疑惑的词语之上，又加上了社会主义、共产主义、大革命、法西斯主义和反法西斯主义。与此同时，纳粹德国东山再起、攻城略地；人民阵线联盟在法国掌权；在德国、意大利和苏联的干预下，西班牙内战爆发[06]；随后是签署《慕尼黑协定》[07]，将捷克斯洛伐克出卖给了希特勒的纳粹德国。

在寻求政治真理的过程中，我深切地感到各种矛盾心理的悸动。在我看来，革命是必要但危险的，改革是必要但不够的。在各种一战见闻录的影响下，我转向和平主义。可惜这种和平主义信念蒙蔽了我的眼睛，我没有看到强大的纳粹帝国主义已对欧洲构成威胁。

我在跌跌撞撞中寻找我的政治信仰，最终选择和那些寻求"第三条道路"的人士站在一起。他们寻求的是一条克服经济和民主危机的道路，最重要的是他们既不向法西斯投降，也不倒向斯大林。1938年，我加入了加斯东·贝热里[08]于1936年创立的前线党（Parti frontiste），这个小型政党既反对法西斯，又反对斯大林，宣扬在国家范围内推行民主社会主义。

当时的我已经意识到民主危机、马克思主义的重要贡献、纳粹主义的恶行和斯大林主义的错误——尽管我对斯大林犯下错误的意识后来有所衰减，甚至在1942年彻底消散了。

当时的我并没有意识到，广大民众、政客和军人都被催眠了，除了少数人，绝大多数人都没有意识到当时的主要危险来自纳粹德国惊人的强势崛起。在其"雅利安人种"优越论的谜之幻觉的引导下，纳粹德国不仅"注定"要收复德语地区，还要通过征服斯拉夫人[09]来夺取生存空间。

当时我们（包括我本人在内）都没有意识到极权主义的本质及其崛起之势：它部分始于意大利，覆盖了几乎整个纳粹德国，当时德国经济的一部分依然属于国家资本主义。

德国和苏联之间的条约绝对是平地一声惊雷。英法拒绝让苏联在纳粹分子入侵的情况下进入波兰，苏联和英法间的谈判就此陷入僵局。就在此时，纳粹德国和苏联这两个在意识形态和政治上完全敌对的大国达成了《苏德互不侵犯条约》，就瓜分波兰、分配势力范围、经济合作达成了共识，甚至包括要将在苏联避难的德国共产党人移交给纳粹分子。

我们从这段经历中可以得到什么教训？我想到了以下几点：在历史灾难来临之前的未雨绸缪期，人类会无意识地陷入催眠状态；各国领导人及其民众犯下错误、盲目轻信和痴心妄想，会带来严重后果；人们普遍没有看透极权主义的新特征，尤其没有意识到希特勒统治下的德国铁了心要奴役和殖民欧洲的斯拉夫人民。

从1929年的经济危机和希特勒上台开始，一直到二战正式爆发前最后一个也是最令人震惊的事件——《苏德互不侵犯条约》的签订，这一连串事件出人意料，令人震惊。

◇ **战争和敌占时期的教训**

在经历了"奇怪的战争"[10]这场痴梦之后，这种战争中的和平状态随着1940年5月10日德国的突袭和英法军队的溃败而告终。法国从未被如此迅速和彻底地入侵，其军队从未被如此迅速和彻底地瓦解。不可思议再一次成了可能。

维希政府立即将这场灾难归咎于人民阵线联盟，却忘记了当时在比利时和荷兰的盟军参谋部也难辞其咎：古德里安[11]指挥坦克部队穿越了贝当元帅口中"固若金汤"和"不可逾越"的阿登山脉，攻下了法国军事重镇色当，绕到英法联军后面，直扑敦刻尔克。在德意志国防军的攻势之下，法国所有的军事部署都土崩瓦解。贝当元帅接替保尔·雷诺[12]掌权，于6月17日在波尔多宣布乞降，并于当月24日同德国签署停战协议。后来发生的事情大家都知道，就不必多说了。

1940年6月发生了一个令人难以置信的事件，那就是法国的分崩离析。不仅军队溃不成军，还有数百万法国人从北方、巴黎、阿尔萨斯、洛林、布列塔尼、中部出发，或开车，或搭乘牛车，或步行，沿着公路涌向法国南部，时不时还要冒着被德国飞机射杀的危险。无数团结和拒绝团结的呼声不绝于耳。我从这段经历中得到的感悟之一就是：灾难（新冠病毒大流行也是其中之一）会引发两种截然相反的行为，那就是舍己为人和自私自利。

就我而言，在图卢兹的时候，我亲身体会到广大逃难学生之间的团结互助，福彻教授慷慨仁慈地接待了大家，为大家提供食物和住宿。

我差点忘记指出灾难的另一大特征，那就是谣言四起。从法国前几次溃败开始，就有传闻说德国人在后方安插了由间谍和平民破坏分子组成的第五纵队；而对间谍的搜捕却造成了无辜者蒙冤。法国投降后，关于圣克洛蒂尔德[13]的预言甚嚣尘上，宣称法国终将光复。在德国占领法国期间，同样有无数谣言在流传，其中也包括德国登陆英国失败的好消息。

贝当神话曾拥有巨大的守护力量，但慢慢消逝了。他是一战时凡尔登战役的英雄、法国元帅，一心一意为国家利益服务。他的慈父形象令人安心，给人以安全感。法国人民几经灰心丧气，心头贝当的形象才失去了光环。事实上，尽管媒体在占领时期一致主张合作，尽管戴高乐在英国伦敦广播公司发表宣言，谴责叛国行为，但在法国公众舆论中仍旧有相当一部分人自执己见，那就是贝当–戴高乐主义：由贝当来充当护盾，而戴高乐则是斩获自由之剑。这种观点一方面令人放宽心，另一方面则证明了观望主义的正确性。在私人谈话里，甚至还流传着两人共同谋划、同仇敌忾的说法。

当时存在着各种管制，其中尤以食品供应管制为甚，黑市得以蓬勃发展起来。黑市滋生出许多腐败行径，但团结互助也应运而生。农民家庭（当时法国大部分地区依旧是农村）给城里的亲戚送去黄油、奶酪、仔鸡等。朋友间互帮互助，供应商和客户之间也是如此：里昂的理发师布朗夫人（我父亲曾在她那里小住）送给我父亲各种熟食和其他食品，而这些都是顾客们送给她的礼物。

敌占时期食品短缺，人类展示了超凡应对能力。它体现出群众在面对不利时局时的抵抗力量，尽管这种抵抗力量往往是消极被动的，有时只是在电影院播放德国新闻时报以嘘声。当时存在着某种大规模的抵抗，虽说不是同侵略者正面交锋，而是顽强抵抗侵略者造成的逆境。

尽管当时所有官方媒体都在大肆吹捧德国的仁慈

和国防军的胜利，但许多法国民众依然对德国人怀有敌意，拒绝相信他们的战绩。

投降、占领、合作，接着是抵抗，导致许多人的思想发生了非同寻常的转变。我在前文中已经提到，左翼的和平主义者出于对战争的恐惧而接受了"pax germanica"，也就是德意志和平。当这种所谓的和平在全球性战争中消失殆尽时，原先的这些和平主义者就沦为亲德的好战分子，他们开始谴责抵抗运动。约瑟夫·达南德[14]就是其中的一个：这家伙原本打算在1940年前往伦敦，但他在1943年却成为法兰西民兵组织[15]的领导人——这可是最糟糕的合作形式，反德的民族主义者居然变成了亲纳粹的合作分子。还有些人成了共产主义者或社会主义者，如克劳德·罗伊[16]、丹尼尔·科迪埃[17]、埃玛纽尔·德·阿斯蒂埃·德拉·维格里[18]——这些国际主义者完成了向爱国主义的转变。

抵抗运动在共产党人和戴高乐主义者之间引发了冲突，但从来没有发生过像南斯拉夫那样的暴力事件。强大的民族解放运动[19]的领导人中潜伏着很多共产主义者，他们缓解了两边的冲突。尽管全国抵抗委员会[20]内部也存在着针锋相对，但抵抗运动对包括我在内的许多人来说都是一次团结互助的美好经历。法国的解放是一个崇高的时刻，但其中也夹杂着不和谐的杂音：那些曾和德国人睡过觉的女人被当众剃光头遭受羞辱；毫无根据的举报、激烈的大清洗，将很多人轻微的过错渲染成弥天大罪。

我对这段时期的感悟就是：1940年法国投降让原本不可能的事情都成了现实；而从1941年12月开始，随着德国的第一次军事失败[21]，绝望中又生出了希望。

1939年的《苏德互不侵犯条约》是出人意料的历史事件，两年后它被另一个出人意料的事件所掩盖，继而被遗忘，那就是莫斯科成功抵挡了德国军队的进攻。我就属于那批忘记了《苏德互不侵犯条约》甚至为它开脱的人士，莫斯科出人意料的抵抗以及珍珠港事件后美国出人意料的参战令我欣喜异常。

在这里，我必须指出导致德国在莫斯科第一次溃败的惊人时局背景：首先，希特勒不得不将原定于1941年5月对苏联的进攻推迟1个月，因为希腊军队以一种出乎预料的方式抵挡住了意大利的侵略，墨索里尼不得不向希特勒寻求帮助。德军花了1个月的时间入侵南斯拉夫，削弱塞尔维亚和希腊的抵抗，然后于1941年4月攻入雅典并占领了希腊。德军花了3个星期的时间重新集结部队，为的是在6月22日进攻苏联。1941年夏，攻打苏联的德军在征讨莫斯科的路上遭遇到意想不到的顽强抵抗，便暂时放弃了进攻，转而攻打乌克兰。当秋天来临，德军恢复对莫斯科的攻势时，却遇到了先期而至的暴雨，在抵达莫斯科之前又被提前来临的霜冻打了个措手不及。另外，德国从自己在东京的情报人员佐尔格[22]那里得知日本不会攻击西伯利亚，斯大林命令经过严寒考验并配备了T-34坦克和"喀秋莎"火箭炮的远东部队通过西伯利亚铁路前来增援。他任命朱可夫将军为莫斯科前线司令，后者的军事天才在这场战争中起到了决定性作用。1941年12月5日，朱可夫发动攻势，将德军击退两百公里，拯救莫斯科于危时。12月7日，日本飞机偷袭珍珠港，将美国拖入战争。短短两天，世界命运发生了大扭转。

我在这场冲突中吸取的教训是：二战将战争的野蛮行为，尤其是纳粹主义特有的野蛮行为推向极致。欧洲最有文化的国家[23]成为斯拉夫人的奴役者，并从1942年开始，对全欧洲的犹太人和罗姆人（吉卜赛人）施行种族灭绝。

◇ 喜悦和幻灭

在抵抗运动中，人们孕育出对新世界的巨大希冀。有些人梦想建立一个公平的社会民主主义社会，另一些人则想要一个像他们眼中的苏联那样的共产主义社会。

战后的各个联合政府确实施行了各种社会举措，但大家期盼的那个新世界依旧远在天边。恰恰相反，原本的东西方联盟演变成了冷战，苏联在斯大林的统治下再一次进入严冬。两个超级大国对峙。我们就这样经历了战后的欣喜到幻灭，从期盼演变为不安。

冷战初期，率先拥有并垄断原子弹技术的美帝国主义暂时占了上风，这蒙蔽了我的眼睛，没有看到苏联对其附庸国的极权统治。

我加入法共时，并没有看到苏联最丑恶的一面，还认为这些弊端终有一天会消失。1947年，日丹诺夫[24]在报告中对所有独立的文学和文化进行谴责，当时我只对苏联体制下强制推行的文化蒙昧化有所意识并加以批评。狄奥尼斯、罗伯特和我在其他几个人的支持下，做出了坚决的"文化"反对，但并没有对法共的总方针产生疑问，也没有质疑法共的本质。我们私下里谴责愚民主义、谎言、教条主义、诽谤中伤，以为这些只是在斯大林统治下呈现出的次要和暂时的缺陷，却不了解它们反映的恰恰是它的本质。

1949年，在克拉夫琴科诉讼案庭审期间，我在政治上保持沉默，即使在遇到了出庭为苏联叛逃者作证的玛加蕾特·布贝－诺伊曼[25]之后也是如此。她向我们揭露了这么一个事实：在纳粹德国与苏联签订《苏德互不侵犯条约》后，斯大林曾经把在苏联避难的德国共产党人移交给希特勒，她就是这样从古拉格[26]被转移到了拉文斯布吕克集中营[27]的。

最后，1949年对拉伊克[28]的莫须有审判既可耻又愚蠢，使我从主观意识上的决裂演变为客观上的决裂，最后于1951年被法共开除出党。[29]除了这种内心的决裂，同志间伟大的情谊，尤其是伟大友谊的破裂令我痛苦异常。但我不得不切断这根"脐带"，因为它妨碍了我个人的成长。这一年，我30岁。

接下来，我必须对过去6年里自己的盲目和幻想展开全面彻底的自我批评，我在1958年真的这样做了。我还必须思考二十世纪的罪恶到底是什么，我想那就是极权主义。1951年，汉娜·阿伦特[30]出版了《极权主义的起源》[31]一书，揭示了"极权主义"这个概念。但在我看来，她对极权主义的定义并不充分。

进入二十一世纪，由于新极权主义的所有要素正在形成，了解极权主义奴役和驯化思想的手段就显得更为重要。因此，我们有必要了解新极权主义与旧极权主义的异同。我稍后再详述这一点。

赫鲁晓夫批判斯大林统治的秘密报告[32]曾经在一时间让我产生了少许希望，但1956年苏联干涉匈牙利内政的"匈牙利事件"令我彻底死了心。这种决裂是完全的，它教会了我以下三点：

第一，我曾经对斯大林深信不疑，这段经历对我了解狂热的头脑如何运作至关重要，我如今对其避之唯恐不及。

第二，它让我明白我骨子里既是左翼又是右翼。说我是右翼，这就意味着我现在下定决心绝不再牺牲对自由的信念；说我是左翼，因为我不再相信暴力革命的必要性，而是相信存在嬗变的可能。

最后，去神秘化让我对左翼的看法得到改观。在我看来，左翼必须始终同时从4个来源中汲取养分，这4

个来源分别是：允许个人发展的自由主义，建设更美好社会的社会主义，创立博爱社会的共产主义，帮助人们更好地融入自然、帮助自然融入人类的生态主义。

◇ 不同寻常的二十世纪五十年代

二十世纪五十年代发生了许多件大事：1953年3月5日，斯大林去世；1953年6月，东德爆发"六一七"事件反对苏联；1954年至1962年间，爆发阿尔及利亚战争[33]；1956年2月24日，赫鲁晓夫发表报告全面否定斯大林；1956年6月，波兹南起义，随后波兰十月暂时解放；1956年10月23日，匈牙利革命爆发，在11月遭到猛烈镇压；1956年10月底，英法干预苏伊士运河主权之争并支持以色列对埃及的战争；1958年5月13日，阿尔及尔发生政变；1958年10月，戴高乐重掌政权，第四共和国瓦解，第五共和国宣布成立，实行总统制；1961年，阿尔及利亚将军针对戴高乐的第二次军事政变失败。

这8年不仅出人意料，而且闻所未闻（例如，苏联继任者对斯大林的全面否定以及法兰西第四共和国的瓦解），这一边的苏联统治陷入危机，那一边的法国在解放后出现了民主政权危机。波兰和匈牙利的工人革命反对"工人阶级"的政党，所谓的"苏维埃"军队则血腥镇压布达佩斯的工人苏维埃。这些事件开始将苏联的谎言大白于天下，并构成了它土崩瓦解前的前兆。

克洛德·勒福尔[34]、罗伯特·安泰尔姆、狄奥尼斯·马斯科洛和我共同驱车前往波兰办事。我们当时对匈牙利革命满心欢喜，并为流亡法国的匈牙利人设立了一个接收委员会。

在这些事件发生的同时期，我和几个朋友一同创办了《论据》杂志，其使命是思考民主制度的危机，随之进行全面反思，同时也涉及日常生活和私生活的各个方面（比如"爱"）。我们在这份杂志上发表了许多在法国尚不为人所知的法兰克福学派[35]思想家的著作，比如狄奥多·阿多诺[36]和马克斯·霍克海默[37]。而我正是从海德格尔的一篇文章中，借鉴并化用了"行星化"的概念，用来描述人类征服美洲以来的历史。

此外，我们与狄奥尼斯·马斯科洛、罗伯特·安泰尔姆和路易·雷内·德弗莱[38]建立了反对北非战争的知识分子委员会，借此来参与阿尔及利亚战争，确保阿尔及利亚独立的合法化，我个人还希望该国能与法国建立最惠国关系。我最初并不了解阿尔及利亚的现实情况，只是听说阿尔及利亚的民族运动是由梅萨利·哈吉在1927年发起的，即便他当时接受人民阵线联盟的领导，但他本人还是多次遭遇禁令和监禁。

1954年，梅萨利和他的中央委员会决裂，一群年轻的激进分子发起了1954年万圣节暴动，成立了民族解放阵线（FLN），并要求梅萨利加入。在遭到后者拒绝之后，民族解放阵线发起了一场消灭梅萨利主义的战争，并指责梅萨利是法国的代理人，也是阿尔及利亚的叛徒。

在我还是法共党员的时候，面对托洛茨基主义者在肉体和道德上卑鄙的灭绝行为，我始终保持沉默。但眼看某些人胆敢侮辱阿尔及利亚独立运动之父，我就再也不能保持沉默了，而是挺身而出为梅萨利的荣誉做辩护。接下来，阿尔及尔发生了第二次政变，民族解放阵线的领导人之一阿巴内·拉姆丹被自己的政党暗杀，我当时的立场是促成紧急和谈，以防止法国和阿尔及利亚同时陷入军事独裁。戴高乐的政治手段高超，让法国避开了军事独裁，阿尔及利亚却无法幸免。我依旧固执己见，遭到那些几乎将民族解放阵线奉作神明的人士以及法属阿尔及利亚的支持者的百般辱骂，法属阿尔及利亚秘密军事组织（OAS）甚至对我发动袭击（未遂）。几年后，我又经历了同样的遭遇：由于我对遭到殖民的巴勒斯坦人民的命运深表同情，招来了诸多误解、挥拳相向和恶语中伤。

我从这些经历中获得的感悟是：当事实真相和个人荣誉遭到威胁时，一个人必须接受孤独和冷落。要学会如何忍受不理解，而不是对诅咒、谵妄和仇恨做出妥协。

二十世纪五十年代给我的总体感悟是：两个看起来一成不变的政体，却发生了难以置信的剧变，一边是苏联和部分人民民主国家，另一边就是法兰西第四共和国。

◇ "辉煌三十年"的另一面

二战结束后，西欧的经济在1955年左右开始腾飞，直到1973年石油危机爆发而告终，形成了让·福拉斯蒂耶[39]口中的"辉煌三十年"（Les Trente Glorieuses）。

在此期间，法国的经济大步发展，生活水平提高，可生活品质在下降，个人主义不断抬头，团结凝聚力降低。人们的出行力（汽车、旅游、假期）不断提升，但越来越多地受到技术所限，物质条件越来越好，生存条件却越来越糟（经历过1968年的那几代人对此均有体会），经济霸权的增长与政治的退化并行。

在学界，结构主义提供了一种源自雅各布森语言学的方法，以此来解读人世间的各种现象，但至高无上的结构概念消除了人、主体、历史。

科内利乌斯·卡斯托里亚迪[40]、克洛德·勒福尔和我一起抵制这种简化和分离的思想。我们每个人都努力整合并超越马克思主义思想，我因此产生了某种复杂性思维的构想。

在此期间，我那极其多元化的文化背景和个人的好奇心使我得以觉察到很多无法预见到的现象的雏形。在1963年民族广场之夜以后，我注意到某种青少年自主文化正在形成，成为日后1968年5月学潮时年轻人反抗权威并突破文明水线的先声。

这些年来，我意识到西方文明的消极方面越来越多，其积极影响却越来越少。为了解决这一问题，我撰写了一篇名为《文明政策》(*Politique de civilisation*) 的文章，后来又将其扩充为学术论文并于1997年发表。[41]

我从这些年获得的感悟是：经济和技术进步可能导致政治和文明的倒退，在我看来，这种情况到了二十一世纪愈演愈烈。

◇ **生态意识的觉醒**

法国"辉煌三十年"因1973年的石油危机告终，而这次危机是中东国家在赎罪日战争[42]期间对支持以色列的国家实施的船只禁运行为的反击造成的。

尽管我从未支持过欧洲的殖民主义，可就在这一刻，我突然发觉欧洲不再是强大的殖民主义霸权，而只是一个依赖石油输血保命的可怜老头儿。于是，我转而相信建立欧盟可以成为世界和平民主的表率——可失望接踵而来，我不得不放弃了这种期盼。

1972年发生了一件对我们的星球至关重要的大事，可当时只有少数几个人才意识到它的重要性，那就是麻省理工学院梅多斯教授发表的报告[43]，揭示了技术经济的激增导致生物圈退化的过程，而技术经济的激增本身是由于人类对利润无法抑制的欲望。这种退化不仅影响到动植物的多样性，还通过对河流、海洋、城市、工业化农业的土壤、来自工业化农业生产的食物、大量圈养和人工喂养的牲畜所造成的污染，殃及全人类。为了应对这种不可抗拒的生物圈退化，每个国家不仅应当转而采取新政策，还有必要达成国际性协议。

我是少数几个意识到问题严重性的人之一。我于同一年，也就是1972年做了一场题为《生态时代元年》（*L'an I de l'ère écologique*）的讲座，之后就相关主题发表了多篇文章。

尽管发生了多场重大灾难，尤其是切尔诺贝利和福岛核泄漏事件，尽管自然、文明和人类以及所有地区的局势都在不断恶化，可生态意识的形成依旧呈现出极其局部化且非常缓慢的态势。在这一条战线上，我从未停止过战斗。

◇ **危机和战争**

我并不信任1972年左翼阵营达成的共同竞选纲领，但我对弗朗索瓦·密特朗当选法国总统相当高兴——我曾在二战抵抗运动期间见识过他最好的一面，也曾在阿尔及利亚战争期间领教了他最糟的一面。

他在总统任期内的可圈可点之处在于：作为左翼分子，结束了右翼掌权的局面，并且废除了死刑。除了曾经应邀参加过一次私人聚餐，我和他并没有什么交情。但皮埃尔·皮安（Pierre Péan）写了一本书[44]，讲述了密特朗的青年时代，并向当代人揭露了密特朗曾经投靠维希政权的秘闻，这给密特朗造成了打击，我便挺身而出为他辩护——这本书里写的这些陈年旧事，我们早在1943年就都知道了。

二十世纪八十年代出现了一个全球性的历史转折点，但当时我们并没有注意到它，只是在后来才逐渐意识到，那就是英国首相撒切尔夫人和美国总统里根倒向新自由主义。这清除了利益最大化的所有阻碍，导致世界各国公共服务私有化，富人更富、穷人更穷，拉大了贫富差距。

1991年，南斯拉夫战争爆发，克罗地亚和波黑宣布独立。1999年，科索沃在西方的支持下从塞尔维亚独立。

我反对塞尔维亚对克罗地亚的军事干预，但我并不属于反塞尔维亚主义者或亲克罗地亚主义者，因为在克罗地亚发生的民族主义种族清洗同塞尔维亚的民族主义非常相似。另一方面，我支持多民族的波斯尼亚－黑塞哥维那。不幸的是，战争的极端化后来终结了原本和谐共存的局面，并摧毁了当地的民族－宗教多样性。

南斯拉夫战争让我相信，帝国（奥斯曼帝国、奥匈帝国等）的混乱引发各个民族或宗教少数群体的国家的诞生，而这正是二十世纪的历史性事件之一。广大西方国家（法国、英国、西班牙）是经过几个世纪的时间，不断整合多个多元民族而形成的，二十世纪诞生的新国家则基于一个单一的民族宗教概念，鼓吹对少数群体进行清洗。

在第一次巴勒斯坦起义期间（1987年至1991年），我意识到中东是一个冲突多发的地震带，不仅以色列和巴勒斯坦在此互相对峙，这里还是东西方、犹太教基督教和伊斯兰教、各个民族权益的交汇点，是地方势力和大国威权抗衡的震中。

两次伊拉克战争（1990—1991、2003—2011）、黎巴嫩内战（1975—1990）、外国干预下的可怕的叙利亚内战（自2011年开始）期间，我始终关注着另一个地震带：它北起亚美尼亚和阿塞拜疆，南至埃塞俄比亚、厄立特里亚和利比亚。在所有这些冲突中，恐怖与错误之间存在着一种密不可分的联系。

全球化是何时真正开始的？它始于资本主义在苏联解体时的引入，始于邓小平在中国推行改革开放政策，始于电话和互联网在全球各地之间实现即时通信的普及。全球化构成了地球统一的技术经济过程，但它也激起了人类对另一种全球化——团结互助、搁置争议的渴望。

2001年9月11日，两架被伊斯兰"圣战"分子劫持的飞机撞上了纽约世贸中心的双子塔。这一完全出乎意料的大事件，让"圣战"这种狂热的恐怖主义登上了世界的舞台。但鲜为人知的是，这场"圣战"最初得到了美国在阿富汗的经济和武器援助，因为它起初是为了抵抗苏联的入侵。从"9·11"事件起，"圣战"对整个阿拉伯世界（"圣战"运动在世界上大多数的受害者还是穆斯林）、西方国家和非洲大陆构成了全球性威胁。

最后，新冠疫情引发了全球性多维危机，成为一个造成贫困、不安全感和焦虑的新因素。[45]

注 释

01 —— 1934年初斯塔维斯基投机诈骗丑闻被揭发后，法国国内法西斯分子趁机攻击共和国制度，策划政变。2月6日，火十字团、法兰西行动等法西斯组织在巴黎纠集武装党徒4万人发动暴乱。当晚，他们冲击议会所在地波旁宫，妄图驱散议会，劫持政府要员，后被军警驱散。

02 —— 火十字团（Croix-de-Feu），一译"战斗十字团"。1927年成立，最初为一战退伍军人团体。从1931年起，在拉罗克的领导下，开始鼓吹个人独裁，反对议会制度，逐渐发展成为拥护法西斯主义的武装组织。该组织是1934年2月向议会进军事件的主力军。1936年6月被人民阵线政府解散。同年7月，重组为法兰西社会党。在维希政府期间，又改称"法兰西社会进步党"。1945年被取缔。

03 —— 激进党（Parti radical），一个法国政党。1901年成立，2017年和法国左翼党合并为激进运动党。

04 —— 人民阵线联盟（Front Populaire）。1935年7月14日，共产党、工人国际法国支部、激进党和各大工会组织全国规

模的反法西斯示威活动，并决定起草统一左翼各党派行动的共同纲领，人民阵线联盟遂宣告诞生。1938年10月底，激进党和社会党公开宣布退出人民阵线联盟，人民阵线联盟最终瓦解。

05 —— 阿纳托尔·法郎士（1844—1924），法国小说家，1921年诺贝尔文学奖获得者。

06 —— 我对西班牙第二共和国在战争期间对无政府主义者和马统工党党员的镇压感到厌恶，这引发了我与奉行自由主义的"国际反法西斯统一战线"之间的第一次冲突。——原注

07 —— 1938年9月29日至9月30日，英国、法兰西第三共和国、纳粹德国、意大利王国四国首脑——英国首相张伯伦、法国总理达拉第、德国元首希特勒和意大利首相墨索里尼在德国慕尼黑召开的会议上，英法为避免战争爆发，签署《慕尼黑协定》，牺牲了捷克斯洛伐克的苏台德地区，出卖了未出席的捷克斯洛伐克的利益。

08 —— 加斯东·贝热里（1892—1974），法国政治活动家，曾任维希政府驻苏联大使。

09 —— 斯拉夫人被纳粹视为最劣等的民族之一。

10 —— 1939年9月开始到1940年5月之间，英法虽然因为纳粹德国对波兰的入侵而被迫宣战，可实际上双方只有轻微的军事冲突。

11 —— 海因茨·古德里安（1888—1954），二战时期德国陆军著名将领。

12 —— 保尔·雷诺（1878—1966），法国政治家，1940年3月至6月担任法国总理。

13 —— 圣克洛蒂尔德，法兰克王国墨洛温王朝王后，国王克洛维一世之妻。在她的促成下，克洛维一世皈依基督教。

14 —— 约瑟夫·达南德（1897—1945），原为法国军人，但在马其诺防线失守、巴黎沦陷后转投纳粹德国，成为党卫军军官。

15 —— 法国维希政府在纳粹德国的帮助下于1943年1月30日建立的政治准军事组织，目的是镇压第二次世界大战期间的法国抵抗组织。该组织形式上的领导人是皮埃尔·赖伐尔，而实际领导人为约瑟夫·达南德。法兰西民兵组织曾参与处决、刺杀以及逮捕遣送犹太人和抵抗者。

16 —— 克洛德·罗伊（1915—1997），法国作家。

17 —— 丹尼尔·科迪埃（1920—2020），法国历史学家、画商，二战时为抵抗运动成员。

18 —— 埃玛纽尔·德·阿斯蒂埃·德拉·维格里（1900—1969），法国作家和政治家，二战时为抵抗运动成员。

19 —— 民族解放运动（Mouvement de libération nationale，简称MLN），二战时法国南方抵抗运动游击队的联合组织。

20 —— 全国抵抗委员会（Conseil national de la Résistance），
二战时期（1943年中期）负责指导和协调所有法国抵抗运
动、媒体、工会、政党，以及前维希政权成员进行抵抗活
动的组织。

21 —— 1941年12月，在莫斯科战役中，苏联挫败德军，进入反
攻阶段。

22 —— 理查·佐尔格（1895—1944），德俄混血，二十世纪最著
名的苏联间谍，他的情报网代号是"拉姆齐"（Ramsay）。

23 —— 指德国。

24 —— 日丹诺夫（1896—1948），斯大林时期主管意识形态的苏
联主要领导人之一。

25 —— 玛加蕾特·布贝-诺伊曼（1901—1989），德国共产党员。
1949年，她出版了《在两个独裁者之下：斯大林和希特勒
的囚徒》，讲述了自己在苏联和纳粹德国集中营的经历。同
年，她在法国为苏联叛逃者维克多·克拉夫琴科出庭作证。

26 —— 苏联劳动改造营管理局的简称，代表整个苏联的强制劳动
系统。

27 —— 纳粹德国时期的一座集中营，位于柏林以北90公里的拉文
斯布吕克村附近。其关押对象多为女性。

28 —— 原匈牙利共产党领导人，在拉科西时期以莫须有的罪名遭
逮捕入狱，1949年10月被枪决。后被恢复名誉，匈牙利
为其举行国葬。

29 —— 从1950年起，莫兰以搬家为由没有重新去拿党证，也不再参加党支部的会议。

30 —— 汉娜·阿伦特（1906—1975），德国犹太人，二十世纪思想家、政治理论家，代表作为《极权主义的起源》。

31 —— 1972年至1982年间由法国Seuil出版社翻译成法语。——原注

32 —— 1956年2月24日，苏共中央委员会第一书记赫鲁晓夫在苏共第二十次代表大会召开的秘密会议上发表演讲，抨击了前任苏共领导人斯大林在位期间的严重错误，宣布苏联将会逐步去斯大林化。

33 —— 阿尔及利亚争取独立的武装力量与法国之间的战争，最终法国同意阿尔及利亚独立。

34 —— 克洛德·勒福尔（1924—2010），法国哲学家和社会理论家，因其对极权主义的批判和现代民主理论的著作而闻名。

35 —— 指的是以德国法兰克福大学的"社会研究中心"为中心的一群社会科学学者、哲学家、文化批评家所组成的学术共同体，被认为是新马克思主义、西方马克思主义的一支。

36 —— 狄奥多·阿多诺（1903—1969），德国哲学家、社会学家、音乐理论家，法兰克福学派第一代的主要代表人物，社会批判理论的理论奠基者。

37 —— 马克斯·霍克海默（1895—1973），德国第一位社会哲学教授，法兰克福学派的创始人。

38 —— 路易·雷内·德弗莱（1916—2000），法国作家。

39 —— 让·富拉斯蒂耶（1907—1990），法国经济学家，代表作是《辉煌三十年》。

40 —— 科内利乌斯·卡斯托里亚迪（1922—1997），希腊裔法国哲学家，流亡到巴黎以后与原为法共托派成员的克洛德·勒福尔创立"社会主义或野蛮"组织，被誉为"战后法国最重要、最有影响力的马克思主义团体"。

41 —— 《文明政策》，法国Arléa出版社1997年出版。——原注

42 —— 又名第四次中东战争、斋月战争、十月战争，发生于1973年10月6日至10月26日，是阿拉伯国家在二战之后发起的第一次同时反对西方的联合行动。阿拉伯国家在战争期间将原油价格从战争前的不到3美元一桶提升到接近12美元一桶，迫使美国寻求其他方法满足自身的能源需要。

43 —— 指的是《增长的极限》，罗马俱乐部于1972年发表的对世界人口快速增长的模型分析结果，由麻省理工学院丹尼斯·梅多斯教授主笔。

44 —— 《法兰西青年岁月》（ Une jeunesse française ），法国Fayard出版社1994年出版。——原注

45 —— 《改变道路：新冠疫情给予我们的教训》（ Changeons de voie, Les leçons du coronavirus ），法国Denoël出版社2020年出版。——原注

6

我的政治经历：
新的险境

由新冠病毒大流行引起的全球性多维大危机
清楚地表明了复杂性思维的必要性，
以及在采取行动时应当以人类历程的各种复杂性为综合考量。

我意识到，我们所掌握的知识被分门别类地箱格化，却无法处理重大问题，再加上片面的批判性拒绝和思维方式的简化；我注意到，政治思想总体上是空洞的；我承认，我们不仅有必要重新审视马克思，不仅要借助新知识重新思考人、生命和世界，还有必要重新思考思想，并重新建构政治思想。于是，我走上了借助各种知识建构起复杂性知识和复杂性思维原理的道路。

◇ 科学与政治

二十世纪和二十一世纪物理和生物科学的长足发展，带来了越来越严重的伦理和政治问题。事实上，从十七世纪开始，只有消除一切价值判断，即任何伦理或政治层面的判断，科学自主性才能得到发展。科学在社会历史中的作用逐渐增强：原子物理学的进步使制造、使用和扩充核武器成为可能；量子物理推动了计算机的巨大发展；遗传基因学以及广义上的生命科学，促进了对胚胎和人类的基因改造。

但是，科学本身并不带有伦理底线，伦理只能来自外界、世俗或宗教的道德。各国掌握核威慑力，而核武器已成为高悬在人类头顶的达摩克利斯之剑。跨国制药公司致力于生产高利润的药物，无利可图的药物则被弃如敝屣。所有这些危险的发展，再加上如今新冠病毒大流行火上浇油，恰恰被拉伯雷的一句名言不幸言中："没有良心的科学，只是灵魂的毁灭。"（Science sans conscience n'est que ruine de l'âme.）

◇ **我们的命运共同体**

从我的《地球祖国》一书中，我已经意识到：在全球经济激增、生物圈退化、核武器扩充所带来的危险中，技术和经济全球化创造了一个全人类的命运共同体。不幸的是，这种意识并没有发扬光大。

技术和经济全球化（一步步走向深渊）、到处唯利是图、民主国家的普遍危机、几乎所有反对政治独裁或经济统治（两者往往有关联）的反抗都以失败告终，使我能够进一步衡量这些事件的不良影响。

最后，在包括欧洲在内的全世界范围内，表面议会制的专制政权的形成，恰恰是进入二十一世纪以来全球范围内所发生的倒退的明证。

就我个人经历而言，最大的感悟就是：野蛮始终有可能卷土重来，以往的任何经历都有可能重蹈覆辙。

◇ **复杂性思维**

由新冠病毒大流行引起的全球性多维大危机，清楚地表明了构建复杂性思维的必要性，以及在采取行动时应当以人类历程的各种复杂性综合考量。

我花了50年的时间来构思一条出路，它既可以称为"方法"（在希腊语中写作"*methodos*"，意为追求或寻找出路），也可以称作"道"（在中文中意为"路径"或"出路"）。我在《方法》6卷本、关于教育改革的4本著作[01]以及《道路》（*La Voie*）[02]和《让我们改变道路》（*Changeons de Voie*）[03]这两本书的政治建言中都是这样做的。

可惜大多数政客、经济学家、技术官僚、企业家既不理解也不承认这种需要的存在，我的大多数同胞都忽视了它。资本主义从未如此强大，如此霸权主义。它驯化了已经工业化的农业，消费变得唯广告马首是瞻，各类服务优步化，信息和计算机领域掌控在互联网四巨头（谷歌、苹果、脸书、亚马逊，将其各自的首字母加在一起，简称GAFA）手里。资本主义通过在疫情期间壮大的医药行业来统治公共卫生，它将自己的说客散布到政府、欧洲和国际上的各大机构。一切都在悄无声息中进行，却又暗流涌动。

那么，这一切的反面又是什么？是良知凋零、反抗遭到镇压、团结互助会、少数社会与团结经济[04]问世，但并没有任何一个自洽的政治力量拥有我倡导的那种指导思想。我已做好心理准备直面最坏的可能，就连它的概率也计算好了。不过，最坏的事情不一定会发生，不可能也会成为可能，一切都不可预知。

岁月如梭，我凭借复杂性知识和复杂性思维，令自己的政治理念精益求精。这些政治理念本身与我的政治意识觉醒密不可分，激发了这些意识，并受到了它们的启发。

我不会忘记，意外或定期发生的事件会给我们带来惊喜，而我们务必适当调整自己的思想，正如行车里程数每达到一万公里就要对发动机进行检修保养一样。

◇ 再生人文主义

如今我所有的观念都是基于人类学、生物学、生态学和政治学而建构起来的。它们不仅和复杂性思维有关，更与我口中的再生人文主义有关，我在《让我们改变道路》一书中曾提到过这一点。为什么是"再生"？因为蒙田早已用两句名言精辟地对这一点进行了阐述——"我认为所有人都是我的同胞"和"每个人都将异己视为野蛮"[05]。

再生人文主义建构在对人类复杂性的认识之上。它认可所有人的全部品质和充分权利，不论其出身、性别或年龄如何。它源于伦理学，即团结和责任。它构成了地球–祖国的行星人文主义（在尊重所有祖国的同时，将其纳为己有）。

如今，作为一名人文主义者要想到危险、不确定性和危机（包括民主危机、政治思想危机、利润激增引起的危机、生物圈危机，最后是多维打击的疫情危机）已将我们凝聚成一个命运共同体。

如今，作为一名人文主义者，还要知道：我们都是人，彼此相似，互有不同；我们不仅要逃避灾难，还向往更美好的世界。作为一名人文主义者，就意味着在自己的内心深切感觉到我们每个人都是一次非凡历险中稍纵即逝的一瞬间，这是一次孕育出人类的生命历险，通过创造、折磨和灾难，它已经酿成一场巨大危机，人类命运岌岌可危。再生人文主义，不仅意味着人类共同体的感受、人类团结互助的感受，还意味着置身于这次不可思议的未知历险中的感受，并希望它继续嬗变，从而诞生一个全新的未来。

随着时间的推移，我越来越清楚这一点：在物理和生物领域中，联合和团结的力量是同分散和破坏的力量纠缠在一起的。

这种辩证的关系在人类历史上可以通过厄洛斯[06]、波列莫斯[07]和塔纳托斯[08]之间的不解关系作为象征——死神塔纳托斯是这种关系的最终赢家，但在我看来有一点很明确：无论发生什么，只有站在爱神厄洛斯一边，我们的人生才有意义。

注 释

01 —— 《构造得宜的头脑》，法国Seuil出版社1999年出版；《接通知识》，法国Seuil出版社1999年出版；《未来教育所必须知道的七种知识》，法国Seuil出版社2000年出版；《教你去生活》，法国Actes Sud出版社2014年出版。——原注

02 —— 法国Fayard出版社2011年出版。——原注

03 —— 法国Denoël出版社2020年出版。——原注

04 —— 指的是优先考虑社会盈利能力而不是单纯地追求金融利润的广泛经济活动。

05 —— 古代希腊人把凡是不说希腊语的人都视为"野蛮人"。

06 —— 希腊神话中的爱神。

07 —— 希腊神话中战争的化身。

08 —— 希腊神话中的死神。

7

错误地低估错误

错误通常被低估，这是因为人们没有意识到：
错误的根源在于认知本身，贯穿整个人生，
并对所有人的人生都构成威胁。

◇ **我的道路**

我在前文已经引述了康德提出的哲学三大问题：
"我能知道什么？我该怎么办？我能期待什么？"我从
18岁开始就不断求索这3大问题的答案，从而找到了自
己的道路。

康德这位哲学家曾指出，要想回答上述这3个问
题，就必须了解人类。除此之外，我还想补充一句：要
想了解人类，就必须不可分割地了解人类认知的感官、
大脑和精神状况，以及人类对历史和社会状况的认知，
因为这影响到了所有的知识。我的著作《方法》6卷本

里面的两大中心卷《方法3：对认识的认识》(*La Con-naissance de la connaissance*)和《方法4：思想观念》(*Les Idées*)针对的就是上述问题。

事实上，直到现在，我依然是个学生，也就是说，我一直都在学习，回归到思考再思考的阵地。很显然，在历史剧变的刺激之下，再思考已成为我人生的一部分。自从我创办求索杂志《论据》和发表著作《自我批判》(*Autocritique*)以来都是如此，后来我同卡斯托里亚迪和勒福尔共同创办社会和政治反思研究会（CRESP）时也是如此；接下来在由雅克·罗宾（Jacques Robin）[01]主持的"十人团体"[02]时是如此；再后来在加利福尼亚的索尔克研究所时也是如此；在华幽梦人类学研究中心时是如此，1977年到2004年间连续撰写《方法》6卷本时更是如此。我既然掌握了联通和整合知识的"方法"，就必然会着眼于我们正在经历的日益严峻的历史境遇。

但在这场同我的人生历险密不可分的知识历险中，我不断被错误和幻想的问题所折磨。

◇ **我的错误**

在此，我首先要指出，错误和幻想的风险贯穿人类生活的始终，无论个人、社会、历史均是如此。它存在于所有决定和行动之中，甚至在弃权这一决定和行动中也摇曳着它的影子，而且它往往会招致灾难。

我无法历数我人生中所有的评估或判断错误。在此，我仅列举我青少年时代所犯的两大错误。在我看来，这两大错误其实是两大真相。

第一个错误是我年少时秉持的和平主义。当时的几代人经历了一战的荒谬和恐怖，我在他们所奉行的和平主义的影响下，在10岁或者12岁时深受三部影片的影响，它们分别是德国导演格奥尔格·威廉·帕布斯特[03]的《西线战场1918》、美国导演刘易斯·迈尔斯通[04]的《西线无战事》和法国导演雷蒙·贝尔纳[05]的《木十字架》。

希特勒统治下的德国先声讨后吞并了奥地利，接着又先声讨后吞并了捷克斯洛伐克的苏台德地区。当德国声讨格但斯克之时[06]，我和西蒙娜·韦伊[07]都认为，既然当地人是德国人，他们想要的不过是德意志帝国的统一，那么我们就无权反对这些人民当家做主的权利。当时，我和很多人一样，以为慕尼黑做出绥靖让步，就是朝着德意志帝国统一迈进一步。当时我甚至以为这些让步可以平息德国的怒火，它接下来就会重新回到各国和平共处的和睦大家庭中来。直到1939年，我都以为这场战争是可以避免的。

当时我的眼界有限，没有看到问题的核心，那就是一个想要称霸的国家所具有的无休止的扩张主义。这个国家在种族主义观念的驱使下，认为雅利安人是欧洲尤其是斯拉夫人民的统治者和殖民者。这就是二战与一战的差异之一，两大敌对国家之间的冲突亦肇始于此。

我的错误在于幻想做出让步，让纳粹主义得到满足，就会让纳粹主义得到缓和并变得人性化。事实则恰恰相反，让步助长了纳粹主义的气焰。我忘记或不希望看到的不仅仅是传统的德国民族主义或复仇的渴望，更是一种由种族优越感的信念所激发的力量的释放，这将助攻他们摧城拔寨、杀人如麻，酿成空前大灾难。

在法国战败之后、德国与苏联开战之前，我始终认为德国作为欧洲的主人，迟早会在类似过去的"罗马和平"（pax romana）[08]一样的"德意志和平"中战胜希特勒主义。正如罗马帝国在无情地攻城略地之后，颁布了《安东尼努斯敕令》[09]，将罗马公民权赋予罗马帝国范围内的所有居民。我以为德国也将逐渐变得人性化并抛弃纳粹主义，回归人文主义和多元化文化。但我早应该想到，希特勒必然会假借雅利安德国"生存空间"受限的名义去攻击苏联。

此后，莫斯科在1941年底绝地反击，紧接着爆发了珍珠港事件，美国卷入世界大战。这时，我酿成了人生中的第二个重大错误。

虽然我的整个青少年时期都是彻头彻尾反对斯大林的——我读过鲍里斯·索瓦林[10]和维克多·塞尔日[11]的著作，我见识过莫斯科审判和斯大林狂热——可在重新思考了苏联的错误之后，我将其归咎于沙皇制度的落后和资本主义的包抄围剿。我当时认为乔治·弗里德曼的《从神圣的沙俄到苏联》（ *De la sainte Russie à l'URSS* ）[12] 一书给了我启迪，让我看到苏联人民在教育、卫生、健康和平等方面貌似积极的一面。当时流行这么一个看法：不应再因其可憎的过去来评判苏联，而应看到它将是受压迫人民的解放者——这种看法改变了我少年时期形成的一切观念。我一步一步地走上了共产主义的道路，后来成为一名非共产主义分子的抵抗运动负责人。

二战胜利后，随着冷战和斯大林主义新冰河期的到来，我对光明未来的期盼逐渐破灭。我在《自我批评》一书中详细叙述了我是如何倒向又是如何脱离法共的。这本书作为一剂良药和一部良心之作，使我对狂热主义、宗派主义、政治谎言、有针对性的毒材料始终都避之唯恐不及。

我对自己犯下的这些错误感到遗憾，但并不后悔。因为它们给予我一种绝对主义信仰的体验，就像任何宗教一样，这个世界有它自己的圣徒、殉道士和刽子手。这个世界会令人产生幻觉、感官退化，往往会毁掉有识之士。

◇ 错误从何而来？

自打人一落地，终其一生都要在反复尝试和犯错中学习适应外部世界。

人在建构知识的过程中不可能不犯错，但只要我们能够识别、分析并克服错误，它就会发挥积极的作用。巴什拉[13]有句名言："科学精神是在一系列纠错的基础上建构起来的。"

当我们意识到错误时，错误会给予我们启发，但它并不会告诉我们错误的来源是多重且永久的，也不会告诉我们错误的巨大影响力是有害的。

错误通常被低估，这是因为人们没有意识到错误的根源在于认知本身，贯穿整个人生，并对所有人的人生构成威胁。

错误同人类的认知密不可分，因为所有的认知都是某种翻译解读后的重构。然而，正如任何重构一样，任何翻译解读都有可能出错。首先以感官认知举例，就拿视觉感知来说吧，光子刺激我们的视网膜，视网膜用一种二元代码将它们翻译成通过视神经传输的信息，这种信息经过大脑重建并即刻转化为感知。

然而，感知可能有不足（比如近视、老花眼、耳聋），它可能会受到视角、注意力分散、因循守旧，尤其是情绪的干扰。一场车祸中各方证词往往大相径庭，甚至互相矛盾，往往出于这个原因。

也就是说，我们最好的证人——我们的感官，也可能欺骗我们。

思想观念和理论是智力的重构，后者不仅可能是错误的，还可能是幻象。

记忆是错误的新来源，因为它是对事物在大脑中所留下印记的结构性重建。记忆中存在许多下意识的错误！

正如香农[14]指出的那样，沟通是错误的源头。在发送者和接收者之间，误会和误解甚至会引发冲突。

生活中存在着未知和风险，在这其中做出的错误决定可能招来糟糕的后果。

显然，只有在谎言被相信时，才有可能招来错误。但最糟糕的谎言，只有在自我批评的精神中才能找到解药，也就是英语中所说的"自我欺骗"（self deception）——对自己撒谎意味着自己既是行骗者又是受骗者。这种现象非常普遍，既蒙蔽了我们自己，也掩盖了各种令人不悦、可耻或尴尬的真相。

最后，我们可能会被那些我们认为拥有可靠背书的信息所欺骗。上文提到的关于1941年德国在英格兰登陆失败的虚假谣言之所以不绝如缕，正是出于这个原因：有传闻说英国人在他们的海岸上泼洒汽油，并在纳粹的无敌舰队靠岸时点燃了汽油，从而导致后者死伤惨重。奥尔良的谣传也是出于这个原因，当地广大女教师真的相信有年轻女孩在犹太人经营的商店试衣间内凭空消失。[15]

那么，如何防范如今被称为假新闻（fake news）的虚假信息？根据我的经验之谈，如果你对同一事件既没有多个消息来源也听不到不同的声音，那就存在着被误导的巨大风险。多个信息来源和不同的声音，恰恰是这两个多元性可以帮助我们形成自己的见解，并尽可能地避免出错——虽然错误是不可避免的。

再者，科学理论的特性在于可驳斥性，科学生命力的特性在于接纳众多理论与观念的冲突。换句话说，科学并不消除错误，而是承认存在错误的可能。除了神学和狂热信仰，不存在可以消除所有错误的绝对真理。

另外，我认为我们不能停下获取信息、自我学习和定期检验知识的脚步。在这个日新月异的世界中，每10年审视自己的世界观非常重要。1990年以前需要重点应对的是冷战和世界两极化；苏联解体之后则是经济自由主义和全球化；世贸中心双子塔被撞毁之后则要重视恐怖主义的抬头——每个年代的优先考量显然都不一样。世界格局的这些大转折中的每一个看起来都出人意料：很少有人成功预言苏联解体，也没有人预见到这个重大转折点来自苏共中央总书记戈尔巴乔夫；同样，没有人预见到两架飞机的自杀行为会摧毁美国金融权力的象征。人类历史可以让一些人做事后诸葛亮，但在事前总是难以预料的。

规避复杂性的难度也是错误的来源之一。这种难度更加严重，因为我们的知识是脱节的，被箱格化分割为各种封闭的学科，而2020年暴发的全球性新冠疫情复杂就复杂在它引发了生物学、心理学、经济、社会等各个层面之间的相互作用和反作用。有人试图将这一多维危机简化为其中的一个组成部分，用部分真相代替全部真相，但任何盲人摸象式的认知都是错误的。

◇ 行为生态学

当下定决心采取的行动所处的环境中包含复杂性，也就是未知时，任何决定都是孤注一掷。有多少信誓旦旦一定会取得成功或胜利的政治、军事或个人决策，最终却导致失利、败北或灾难！有多少革命的行动引来了反革命的反击，最终遭到反噬！有多少倒行逆施点燃了革命的燎原之火，最终被革命废黜！所以说，我们应当意识到，任何行动都必须遵循某种策略，而这种策略应根据新信息随机应变做出调整。年轻的拿破仑将军就是因此在第一次征讨意大利时取得胜利，后来在奥斯特利茨也获得大捷。

◇ **理性的毛病**

我们认为，以推理和归纳为依托的理性与关于外部世界的感官数据之间的协调一致，构成了一种切实的认识。

然而，当一种理性理论忽略了削弱其威信的新数据，并且未经审视就摒弃与其相左的论点时，它就有可能将自己封闭在教条之中。教条主义是理性的顽疾，理性必须始终对可能出现的反驳抱持开明的态度。

理性也带有合理化的风险。合理化是一种逻辑建构，但建立在错误的假设之上。打个比方说，如果我确信我的邻居在监视我，我就会将他的一切行为都解读为他监视我的蛛丝马迹。

◇ 范式失明

正如我在《方法3：对认识的认识》中所展示的那样，我们的理性下意识地受到一种范式的引导，这种范式掌控着认识的结构，并将分离和简化作为了解复杂现象和所有整体的方式。这种情况在我们的认知方式的核心形成了一种盲目性。

首先谈一下什么是分离。虽然各种现象通过无数作用和反作用相互联结，但将知识箱格化划分为封闭的学科会导致我们对这些联结视而不见。对于一种生命体的认知不能脱离其生存背景，因为所有生命体都依赖于其所在的环境，这种生命体为了生存，就必须从环境中汲取能量和信息。

广而言之，我们必须知道，一旦抹杀复杂性，无视分门别类各种学科的不同组成部分之间存在的不可分割的联系，就会造成错误。

那什么是简化呢？简化就意味着将对一个整体的认知化为对其构成要素的认知。将各种元素组合成一个博采众长的整体，分离开来时，其中的每一个元素都不具备这些品质，这就是显露。正因如此，生物的复杂结构产生了构成它的分子所不具备的未知品质：自我繁殖、自我修复、进食、认知活动等。这些品质既不能从孤立的元素中推演出来，也不能被平白归纳出来。这种结构的逻辑不受经典逻辑的制约。

此外，还应该了解其他导致失明的原因：

△ 问题的新颖性、过去相似经历的遗忘、类比推理的不充分。

△ 从先入之见或缓慢或波动的发展中无法检测到问题。

△ 认知和技术手段有限，或干预过于有限或为时已

晚，而导致解决方案失败。

△ 行为遵循特定利益，抹杀普遍利益。

◇ 切实中肯的认知

那么，我是否可以归纳出几条值得牢记于心的认知原则作为指导？

预备条件：学会对那些看似正常和理所应当的事情感到惊讶和好奇，换句话说就是问题化。某些科学、哲学、思想的兴起是在文艺复兴时期仰仗问题化而产生的：世界是什么？生活是什么？人是什么？神是什么？祂存在吗？问题化产生出怀疑，而怀疑是精神的真正解毒剂，精神也必须学会如何对怀疑产生怀疑。怀疑会产生批判思维，只有在自我批判的情况下才存在。

第一个必要条件：将任何知识对象置于其语境中。一个现象、一个动作，只有在其语境中才能被正确理解。一词多义只有在句子里才有意义，而句子只有在文本中才具有意义。所有生命体都通过从其生态和社会背景中获取能量和信息来确保自主性，不能被孤立看待。

第二个必要条件较为普遍：承认复杂性。也就是说，个人、事件、现象存在多维性，方方面面之间往往是互相对立或者互相矛盾的。

第三个必要条件则更为普遍：学会区分什么是自主的，什么是独特的，学会如何将各种联结组合联结起来。人生是一场错误与真理之间无休止的博弈。纵观整个教育过程，从小学开始，这种人生的准备工作就应该贯穿始终。[16]

每个人的人生都是一场未知的历险。无论是友谊、爱情、职业、医疗、政治，我们的选择都可能出错，错误的幽灵与我们如影随形。

一个国家领导人的判断或决策失误所带来的后果，对整个国家来说可能是灾难性和致命的。

要掌握认知这门艺术并不容易，了解错误和幻象的来源，外加自我审视和自我批评，可以有所助益。

注 释

01 —— 雅克·罗宾（1919—2007），原为医生，曾创办多个政治思想团体和智囊团。

02 —— 十人团体（Groupe des Dix），1969年至1976年间雅克·罗宾创办的智囊团，汇集法国各界名流，对政治和科学交叉课题进行思考。

03 —— 格奥尔格·威廉·帕布斯特（1885—1967），魏玛共和国时期最具影响力的德语导演之一。

04 —— 刘易斯·迈尔斯通（1895—1980），俄罗斯裔美国电影导演、编剧和制片人，奥斯卡最佳导演奖得主。

05 —— 雷蒙·贝尔纳（1891—1977），法国著名导演。

06 —— 1939年9月1日，纳粹德国的军舰炮击格但斯克的波兰基地，标志着第二次世界大战的正式爆发。

07 —— 西蒙娜·韦伊（1909—1943），法国著名思想家和社会活动家，深刻影响了战后的欧洲思潮。

08 —— 又称罗马治世，是指罗马帝国存在的五百多年间，前二百

年比较兴盛的时期，亦即盛世。

09 —— 罗马皇帝卡拉卡拉在公元212年颁布的一道敕令，宣布所有罗马帝国境内出身自由的男人将被赋予完整的罗马公民权，殖民地出生的人民也包括在内。

10 —— 鲍里斯·苏瓦林（1895—1984），法国政治思想家、马克思主义者，法国共产党创始成员之一，后因批判斯大林与法国共产党决裂。

11 —— 维克多·塞尔日（1890—1947），比利时无政府主义作家、革命家，他支持俄国的十月革命，反对法西斯主义、斯大林主义。

12 —— 法国伽利玛出版社1938年出版。——原注

13 —— 加斯东·巴什拉（1884—1962），法国哲学家、科学家、诗人，法国新认识论的奠基人。代表作包括《空间的诗学》和《科学精神的形成》。

14 —— 克劳德·香农（1916—2001），美国数学家、电子工程师和密码学家，被誉为信息论的创始人。

15 —— 莫兰曾于1969年出版过一本名为《奥尔良的谣传》的社会学著作，深入分析了法国中等城市奥尔良发生的关于犹太服装商人拐卖妇女为娼的无端谣言的成因和社会本质。

16 —— 参见《为了进入二十一世纪》（*Pour entrer dans le XXIe siècle*），法国Seuil出版社2004年出版。——原注

人生信条

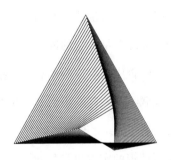

我时不时会被对生活的热爱淹没。生命体之间是何等美丽、何等和谐、何等深刻，是何等互补与团结！是何等的造化之功方能创造出如此众多独特的动植物物种！可有时，我也会因为生活的残酷、为了生存而不得不杀戮、它的破坏性能量、它的冲突、死神的不请自来而不知所措。我能否成功将这两个相反的事实结合、维持，牢不可破地联结在一起？生活是一份礼物，也是一个重负；生活是美好的，也是可怕的。

　　我们现在所认识的宇宙也是如此。在我们看来，宇宙似乎呈现出一种完美的和谐，似乎恒久不变。但我们知道，星系会膨胀、混沌、爆炸或坍塌，难以置信的无数黑洞将星体吞噬，最终发生不可逆转的破坏和解体。这个宇宙中的生命可能是独一无二的——在银河系边缘一颗恒星下属的小小行星上繁衍生息，是多么微不足道。

在我看来，正如每个人的人生故事一样，同样的悖论在人类历史上显然是不可分割的：有多少善良、慷慨、奉献，就有多少邪恶、卑鄙、自私；有多少智慧、机敏、创造性的天才，就有多少愚蠢、盲目、幻想和错误。人类精神中的想象具有多么奇妙而可怕的力量，它创造出诗歌、文学和艺术的杰作，并通过崇拜和祈求它所创造的神灵和传说来奴役人类自己。

这种双重和多重的方面，这种复杂性存在于一切事物中——从一颗小小的波粒子，直到由数十亿神经元相互紧密作用而构成的人类的灵魂生理活动均是如此，无一例外。这始终存在于我的脑海中，这是我全部人生经历中的第一课。

在我13岁的时候，两个互相矛盾的启示降临在我身上，让我终生难忘，那就是怀疑和信仰。在阅读阿纳托尔·法郎士的《波纳尔之罪》（*Le Crime de Sylvestre Bonnard*）[01]的时候，"微笑的怀疑主义"（这恰恰是大家对法郎士的评价）如同真理一样征服了我；在阅读陀思妥耶夫斯基的《罪与罚》的时候，我发现了信仰与怀疑之间的斗争和互补；和布莱瑟·帕斯卡一样，即使我从未信奉上帝，人类的博爱也始终是我秉持的信条。

最重要的是，我从陀思妥耶夫斯基那里学到了同情心和洞见人性的复杂。我对出身卑微、被侮辱和被损害的[02]那些人始终抱有同情心。芸芸众生因为出身和肤色而遭受羞辱，我对他们的同情在今天比以往任何时候都来得强烈。陀思妥耶夫斯基笔下的女性人物（例如《白痴》中的纳斯塔霞·菲里波芙娜和《卡拉马佐夫兄弟》中的格鲁申卡）和男性人物（例如《着魔者》中的斯塔夫罗金）形象饱满，向我揭示了人类灵魂的复杂性。

多亏了黑格尔，我才意识到这种复杂性具有普遍性。在黑格尔看来，从本质上讲，如果我把一个犯了罪的人视为罪犯，我就会自然而然地抹杀他人格、行为和生活的所有其他方面。我也相信凶手有可能得到救赎，正如那个和我心意相通的囚徒。[03]

在阅读了上述作品之后，先有蒙田深化了我的怀疑主义，鼓励我自我反省；接着是伏尔泰和卢梭的互相对立，相辅相成；启蒙运动和浪漫主义、理性主义和神秘主义（没有上帝）、可见的与不可见的[04]同样给予我滋养。多亏有了这些阅读，我对人类的双重性和多重性、每个人独特的人生故事、承载我们所有人的伟大历史，有了深刻的感受。

每个人身上都承载着"自我"和"我们"、个人主义和社群主义、自私自利和舍己为人这两种互补的双重性。

多年来，对这种双重性的认识已深深扎根于我的心灵中。它始终推动我培养并巩固爱与赞叹的能力，同时对世界的残酷进行顽强的抵抗。

最后我想说的是，对人类复杂性的认识会带来仁慈之心。仁慈之心不仅帮助我们看到他人的缺点与不足，还会让我们在他人的意图和行为中看到他们的品质。

那么，我是个好人吗？我知道我是个厚道人，不恶毒，不记仇，没有攻击性。

我喜欢思想上的针锋相对，但我讨厌人身攻击。我读过《基督山伯爵》，看了这么多西部片，从中深切感受到了复仇的快意。但在我的人生经历中，我从未寻求过报复。

当然，我这讨人喜欢的性格和威权意愿的缺乏，正是产生仁慈之心的有利条件。

不过，我从小到现在都强烈感受到，自己需要得到他人认可，我希望我的事业因其贡献和品质而闻名。由于我的事业走了弯路（我对认知的看法依然是剑走偏锋），因此我不得不忍受误解、蔑视和讥讽。

所有作家、哲学家、学者都患有过度的自我认可情结。每个人都希望得到他人认可，即便不是天才，也希望自己至少是同龄人中最优秀的。每本书都是一个心肝宝贝，我们期望它前程似锦，作者也能因此沾光。

傲慢、虚荣、蔑视、恶意，有时还带着诽谤就随之而来，指向那些被我们视为竞争对手甚至敌人的人士。当我以复杂性的名义，将从物理学或生物学中汲取的知识整合到我的著作中时，也曾激起那些卫道士的攻击，就好像主人掏出了枪，来对付那些敢于侵犯自己财产的盗猎者。

我还想补充一点，我过去的一切善行，都曾遭到不理解和错误评价。但我既不想也不寻求成为一个特立独行或叛逆的人。思想的自主性会不由自主地行差踏错，一个人必须学会接受他人的误解和抹黑。

最后，我想说的是，向善是好的，行善的感觉是好的。复杂性的意义在于，它使我们感知到所有存在、局势、事件的各个方面和各种矛盾，从这种感知中产生了仁慈之心。我的最后一课，作为我全部人生经验的结晶，就存在于这个兼具开明理性和仁爱之心的良性循环之中。

注 释

01 —— 1881年出版。小说成功地塑造了人道主义精神。它帮助法郎士获得法兰西学院的嘉奖，从此在法国文坛声名大噪。

02 —— 《被侮辱与被损害的人》是陀思妥耶夫斯基的代表作之一。

03 —— 此处可能影射大仲马笔下的《基督山伯爵》。年轻水手爱德蒙·唐泰斯蒙冤入狱，在地中海上的伊夫岛上被囚禁了17年，后来逃狱成功，发了财以后向从前的仇家报仇，最后游历四海。

04 —— 此处当指法国著名哲学家梅洛-庞蒂的重要著作《可见与不可见的》（*Le visible et l'invisible*）。

金句集锦

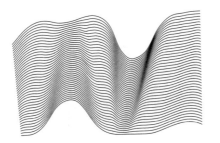

活着就是在未知的海洋中航行，

在已知的岛屿上获得补给。

期待意外。期盼就是期待意外。

人类历史可以让一些人做事后诸葛亮，

但在事前总是不可预知的。

以往的任何经历都有可能重蹈覆辙。

人类既不好也不坏，

他们是复杂多变的。

当被眼前的事物吞噬时，

思想就会行差踏错。

完全消除风险就会完全消灭生活。

预防的原则唯有与风险原则相关联才会有意义，

而风险原则对于行动和创新至关重要。

通往未来的道路要回归本原。

没有仇恨就没有疯狂。

通过论证来反驳，
而不是通过谴责。

我们要相信质疑一切的复杂性，
而不是能够解答一切的学说。

要想快活到老，

就要保持童年的好奇心、少年的理想、成年的责任，

并在老去时吸取过去的经验。

我永远不会停止感知人性中的残酷、无情、残忍，

不会停止感知生活中的可怕，

也不会停止感知人性中的高贵、慷慨、善良，

以及人生中的魅力和惊奇。

我们经常不得不面对这种伦理矛盾：

尊重每个人，

而不是在对他来说神圣的事情上冒犯他；

与此同时，

我们会反抗强加在我们身上的神圣信仰，

从而发扬批判精神。

自我批评是一种基本的心理健康。

重要的是，

不要在琐碎意义上显得务实（适应当前事物），

也不要在琐碎意义上显得不务实（逃避现实的束缚）。

重要的是在复杂意义上显得务实：

理解现实的不确定性，懂得存在着未知的可能。

将他人没有说过的话、不曾拥有过的想法

硬扣在他人头上，以最卑鄙的方式贬低他人，

　　这种伎俩已经达到了登峰造极的地步。

我批评想法观念，但我从不攻击他人。

贬低他们就会贬低我自己。

法国既是单一又是多元文化的。

在其历史进程中，它接纳了非常多样化的民族，

例如布列塔尼人、阿尔萨斯人等，后来是移民的后裔。

多元文化是法国不可分割的一部分。

这两个概念相辅相成，和单一思维相对立。

我们应当寻求一种人类专属的治疗狂热的疫苗，

因为我们正处于这种疫病的大流行时期。

新冠危机在某种意义上是现代性观念的危机。

这种观念基于一种看法，

那就是人类的命运就在于掌控大自然，

并成为世界的主宰。

新冠疫情提醒我们：

我们正在经历一场历险，一场在未知领域的历险，

一场前所未有的人类历险。

现实就隐藏在我们的现实背后。

人类的精神屹立于紧闭的神秘之门前。

致

谢

———◆———

感谢我的生活伴侣和灵感来源萨巴·阿布瓦萨拉姆（Sabah Abouessalam）以及《改变道路：新冠疫情给予我们的教训》一书的出版商兼责任编辑多萝西·库尼奥（Dorothée Cunéo）。正是在她们的提议下，我写下了这本书。这两位女士的讨论、审稿和修改，为本书增色不少。

人啊，认识你自己！